本书为2023年度浙江省哲学社会科学规划后期资助项目（课题编号：23HQZZ33YB）、浙江省属高校基本科研业务费项目成果

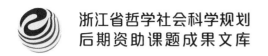

浙江省哲学社会科学规划
后期资助课题成果文库

基于全球价值链分工的
制造业碳转移排放研究

Research on Carbon Transfer Emissions Based on
Global Value Chain Division

王敏杰　刘利民◎著

ZHEJIANG UNIVERSITY PRESS
浙江大学出版社
·杭州·

图书在版编目（CIP）数据

基于全球价值链分工的制造业碳转移排放研究／王
敏杰，刘利民著. -- 杭州：浙江大学出版社，2025．4．
ISBN 978-7-308-26075-6

Ⅰ．F426.4

中国国家版本馆 CIP 数据核字第 20258XV088 号

基于全球价值链分工的制造业碳转移排放研究

王敏杰　刘利民　著

责任编辑	蔡圆圆
责任校对	许艺涛
封面设计	周　灵
出版发行	浙江大学出版社
	（杭州市天目山路 148 号　邮政编码 310007）
	（网址：http://www.zjupress.com）
排　　版	杭州星云光电图文制作有限公司
印　　刷	杭州钱江彩色印务有限公司
开　　本	710mm×1000mm　1/16
印　　张	12.5
字　　数	186 千
版 印 次	2025 年 4 月第 1 版　2025 年 4 月第 1 次印刷
书　　号	ISBN 978-7-308-26075-6
定　　价	78.00 元

前 言

全球价值链(Global Value Chain,简称 GVC)分工已成为当前国际分工的主要形式。全球贸易的快速发展与以 GVC 分工为特征的新型国际分工体系密切相关。伴随全球贸易总量的不断上升和 GVC 分工的进一步深入,贸易隐含碳排放问题变得日益突出并引起国际社会的广泛关注。生产碎片化特征下的中间品贸易使得国与国之间的生产消费联系及相应的碳排放转移关系变得更为复杂,形成了全球范围的贸易隐含碳网络。制造业是全球贸易隐含碳排放最突出的部门,全面深入地研究 GVC 分工对于制造业贸易隐含碳网络的影响,有助于我们理解全球贸易隐含碳排放转移的动因和趋势,从而更好地应对国际气候谈判,并制定科学的制造业节能减排和低碳经济转型政策。

在 GVC 分工背景下,本书以探寻全球贸易隐含碳排放的空间结构特征及其影响因素为研究目标,以社会网络分析和经济计量分析等为研究方法,构建了 GVC 分工体系下制造业贸易隐含碳排放及转移的研究框架,并据以开展相关特征和影响因素研究,研究区间为 2005—2018 年。研究发现:

第一,研究期内,世界贸易隐含碳排放规模仍在持续扩大,这一扩大主要源于发展中国家和新兴经济体。尽管发展中国家和新兴经济体贸易隐含碳排放强度也在下降,但与发达经济体的差距并没有明显缩小,且缩小趋势也不稳定。发达国家制造业出口比较隐含碳指数普遍高于发展中国家和新兴经济体,且这一差距还呈现出扩大的趋势,尤其在计算机、光学及电气设备制造业方面表现得最为突出。当前双边碳流规模最大的是金属及金属制品制造业,增长最快的是计算机、电子及光学产品制造业。

第二,全球制造业贸易隐含碳网络具有无标度和小世界特征,呈现出较为明显的社区结构和显著的"核心—边缘"特征。网络中转移规模较大的碳流仅存在于少数国家之间,网络中的节点之间存在较不对称的关联关系。从凝聚子群分析来看,研究期内网络中的子群出现了高度集中化的趋势。此外,发达经济体的中心度指标相对稳定,部分发展中国家或新兴经济体的中心度指标显著提升。

第三,理论上 GVC 分工对全球贸易隐含碳网络的影响体现在 GVC 分工的碳排放转移效应、碳锁定效应及碳排放抑制效应三个方面。首先,GVC 分工的碳排放转移是产业转移和产品贸易的结果,国际分工的复杂化和网络化带来了碳排放空间的复杂化和网络化。其次,碳抑制效应体现在一国或地区嵌入 GVC 可以通过提高生产技术水平降低该国或地区的隐含碳排放强度。最后,碳锁定效应体现在 GVC 分工可能会从技术和体制、制度等方面加深对分工参与国工业发展的高碳锁定。GVC 分工对贸易隐含碳网络影响的总效应取决于各种机制的交互作用。

第四,从实证分析结果看,首先,GVC 分工网络对全球制造业贸易隐含碳网络影响显著。国家间 GVC 地位关系与国家间贸易隐含碳转移存在非线性关系。一国 GVC 地位指数的上升会造成该国出口隐含碳先上升再下降。其次,各国制造业 GVC 分工对其在贸易隐含碳网络中的中心性影响显著。经济发展水平、人口、贸易规模、贸易结构和技术水平都能够直接作用于贸易隐含碳排放从而改变节点中心性。GVC 嵌入对贸易隐含碳网络节点加权出度的影响为负,且呈现不断提高的趋势,深度融入全球价值链是减少贸易隐含碳排放的重要路径。GVC 分工地位提高没有明显降低一国出口隐含碳。相反,对于那些节点加权度本身很高的国家或地区来说,GVC 地位的提高使得其网络加权出度进一步升高,说明 GVC 分工对发展中国家的碳锁定效应突出。GVC 前向参与度对节点的加权出度影响不显著,但后向参与度可以大大降低节点加权出度。对发展中国家和新兴经济体而言,本身前向参与度低,价值链分工地位不高,当前仍主要通过 GVC 后向参与方式减少碳排放。

根据研究结论,本书建议:一方面,新兴经济体和发展中国家要以更加开放的思维寻求发展;另一方面,也要警惕嵌入 GVC 可能导致的"污染天堂"的产生,积极参与国际气候谈判,并通过加强自主创新、转变经济增长方式、调整进出口贸易结构等途径实现 GVC 地位的攀升和绿色技术的进步,进而有效减少贸易隐含碳的产生。

目　录

第1章　绪　论

1.1　研究背景与意义

1.1.1　研究背景

2020年9月,习近平总书记在第七十五届联合国大会一般性辩论上的讲话中提出,"中国将提高国家自主贡献力度,采取更加有力的政策和措施,二氧化碳排放力争于2030年前达到峰值,努力争取2060年前实现碳中和"①。这意味着从"十四五"开始,中国经济发展将面临更为严格的减排约束。与此同时,"十四五"规划纲要还提出"保持制造业比重基本稳定"的要求,以避免追求减排目标可能导致的产业空心化问题。实现碳达峰、保持制造业比重基本稳定,成为我国"十四五"规划和2035年远景目标的重要内容。与其他产业相比,制造业具有资本密集度高、生产过程对环境影响较大等特点。为了协调经济发展与环境保护的关系,欧美等发达国家向他国转移污染较大的产业和生产环节,以牺牲他国环境来维持本国经济增长。在此背景下,如何平衡好"保持制造业比重基本稳定"与实现"双碳"目标的关系成为当前亟待解决的问题。

能否解决贸易隐含碳问题逐渐成为全球减排行动能否取得成功的关键。联合国环境规划署(UNEP)《2019排放差距报告》显示,2018年全球温室气体排放量(包括土地利用变化产生的温室气体排放量)达到了553亿吨二氧化碳当量,再创历史新高,并警告称,地球已受到极其严重的破坏,如果不采取紧急且更大力度的行动来保护环境,地球的生态系统和人类的可持续发展事业将受到更严重的威胁。目前学术界普遍认为全球碳

---

① 习近平.在第七十五届联合国大会一般性辩论上的讲话[N].人民日报,2020-09-23(003).

排放的 20%～33% 源于国际贸易(Wiedmann & Lenzen,2018)。鉴于此,仅考虑国内直接排放的环境政策不足以应对国际贸易引起的碳泄漏问题(Peters & Hertwich,2008a;Barret et al.,2013)。Peters 等(2011)研究认为,从发展中国家进口碳排放密集型产品导致的碳泄漏仍在推动全球温室气体排放的增加。发展中国家通过国际贸易向发达国家净转移的排放量(生产减去消费)已从 1990 年的 0.4Gt 增加到 2008 年的 1.6Gt,超过了《京都议定书》(*Kyoto Protocol*)规定的减排量。

全球价值链(GVC)分工对全球碳排放格局的形成和发展产生着重要影响。GVC 分工是当前国际分工的主要形式。全球化的加剧加速了全球供应链的碎片化,生产和消费的空间分离无处不在(Meng et al.,2018;Subramanian & Kessler,2013;Sun et al.,2019)。在 GVC 分工体系下,国际贸易活动使商品生产从最终消费地区转移到新兴生产地区,与生产相关的污染排放也随之发生转移。与国际贸易相关的碳足迹累计平均跨境频率从 1995 年的 1.26 增加到 2008 年的 1.43,从而改变了大气污染的时空分布特征(Zhang et al.,2017)。事实上,对于特定国家而言,将生产转移到国外或通过进口替代也可以改变其自身碳排放规模,但这对全球碳排放的影响可以忽略不计。作为一种组织和治理力量,GVC 通过空间生产网络将各国企业虹吸至全球生产之中,参与分工的企业在 GVC 中的位置及参与方式的变化,可能会通过改变资源获取整合形式、生产国际布局策略和全球组织间网络关系等影响国际碳排放转移活动的发生。由此可见,从 GVC 视角考察整个人类社会的生产、流通和消费过程中碳排放的产生和流转,对于减排政策的制定和目标的实现具有重要意义。

社会网络分析(Social Network Analysis,SNA)为 GVC 背景下的全球贸易隐含碳排放问题的深入研究提供了很好的方法。一国(地区)在全球分工体系中的身份和地位需要通过它与其他国家在关系网络中的"互动实践"来进行识别。如果抽象掉国家间投入产出关系而仅考虑隐含碳"量"的问题,则使分析脱离了全球分工网络的"社会性",难以反映网络中个体间的结群性、互惠性和级联性等特征(孙天阳等,2018),而 SNA 研究的主体对象正是关联。运用 SNA 方法不仅能够明晰 GVC 分工背景下一国在全球分工体系中的位置,还可以清晰地刻画国家间贸易隐含碳流

动的整体特征。但目前糅合 SNA 和 GVC 背景下贸易隐含碳流动特征
的研究仍较少,难以呈现全球贸易隐含碳网络的真实图景。

在上述背景下,本书力图从 SNA 视角审视 GVC 背景下的全球制造
业隐含碳排放格局,并力求回答如下几个问题:什么是全球制造业贸易隐
含碳网络(Network of Carbon Embodied in Global Manufacturing
Trade)?全球制造业贸易隐含碳网络有什么特点,如何演变?全球制造
业贸易隐含碳网络演化的影响因素有哪些,影响机制是什么?对全球气
候治理,以及对包括中国在内的深度参与 GVC 分工的国家又有哪些启
示?为了回答上述问题,本书设计了一个新的分析框架,将全球多区域投
入产出分析、复杂网络分析和面板回归分析相结合,来论证 GVC 分工对
贸易隐含碳排放的影响。

1.1.2　研究意义

首先,研究 GVC 背景下的国际贸易隐含碳网络问题,是对贸易与环
境关系问题的重要拓展与补充。从研究内容看,随着 GVC 分工的进一
步深化,产品内贸易大量涌现,深刻改变了国际贸易对环境的影响方式,
而伴随产品内贸易产生的国家间或地区间的碳排放转移(或泄漏)使得环
境问题也变得更加复杂,有必要将 GVC 分工纳入贸易和环境问题中来
分析。目前,学术界将 GVC 分工和贸易隐含碳纳入统一分析框架的研
究仍并不多见。本书拟在探析 GVC 分工影响贸易隐含碳排放转移的机
理基础上,运用世界典型国家数据进行实证检验,是对全球价值链理论研
究的拓展,也是对贸易与环境关系问题研究的丰富和补充。从研究方法
看,综合使用 SNA 与 GVC 分析方法,有助于更全面和深入地审视全球制
造业碳排放转移特征。在 GVC 背景下,只关注具体双边贸易局部视角的
碳减排政策设计,必然导致局部排放降低而整体排放上升,需要引入网络
视角的全球治理。已有的研究表明,SNA 能够较好地揭示中间生产过程,
它还可以帮助识别全球供应链网络中碳排放的关键部门和集群(Kagawa et
al.,2015),因而在揭示产业网络特征方面具有独特的作用。从社会网络视
角揭示国际碳转移排放的结构演化特征,有助于对全球碳流网络的监测和
调控(Bandyopadhyay & Kar,2018;Dassisti & Carnimeo,2013)。同时,对全

球碳排放转移网络的动态演化和影响因素的分析,还将有助于预测网络发展趋势并应对后续冲击,是对已有研究的进一步拓展。

其次,在已有研究成果的基础上,全面、深入地分析 GVC 分工对全球制造业贸易隐含碳网络的影响,具有重要的现实意义。一方面,本书全面探究了各国和地区之间制造业隐含碳排放关系,并刻画了全球制造业隐含碳网络的结构特征,审视不同国家(地区)在贸易隐含碳网络格局中的地位和所扮演的结构角色,可以为发展中国家和新兴经济体更好地参与全球气候治理提供参考依据;另一方面,考虑到中国是贸易大国,同时也是世界碳排放量最大的国家,面临巨大的减排压力,本书对各国参与 GVC 分工对制造业贸易隐含碳排放的影响开展了系统的评估,清晰且全面地阐明了嵌入 GVC 对贸易隐含碳排放带来的影响,可以为中国制定相应的开放政策和环境政策提供参考依据。

1.2 研究目标与主要内容

1.2.1 研究目标

(1)系统刻画全球制造业贸易隐含碳排放的分布特征及演化趋势。首先,从国家层面分析全球制造业贸易隐含碳排放特征;其次,构建全球制造业贸易隐含碳网络,分析该网络的宏观、中观及微观特征,探明不同国家(地区)在该网络中的地位。

(2)把 GVC 分工引入到贸易隐含碳排放的分析当中,从理论上探讨 GVC 分工对贸易隐含碳排放转移的影响机制。

(3)比较、分析发达经济体、发展中国家和新兴经济体制造业 GVC 嵌入的特点及各自在制造业贸易隐含碳网络中的地位,实证考察一国 GVC 参与度、参与方式及分工地位变化对制造业贸易隐含碳网络的影响。

(4)提出包括我国在内的发展中国家和新兴经济体参与全球气候治理和实现国内低碳可持续发展的对策和建议。

1.2.2　研究内容

本书在全球价值链分工（即 GVC 分工）背景下，探求全球制造业碳转移排放的规律，研判未来国际碳转移排放的发展趋势，分析国际碳转移排放对中国制造业碳排放的影响，研究国际碳转移排放的形成机理，从而提出未来中国平衡"保持制造业比重基本稳定"与实现"双碳"目标关系的解决方案。本书的主要内容框架如图 1-1 所示。

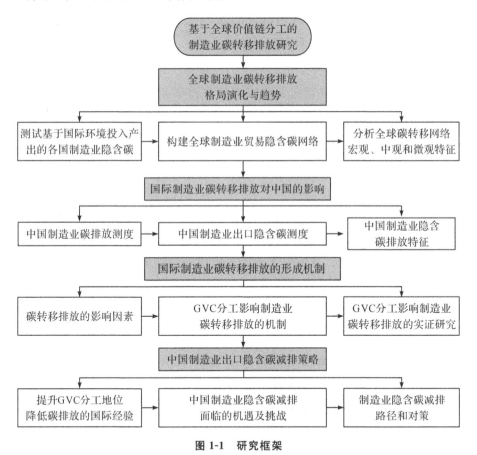

图 1-1　研究框架

具体来说，本书的主要研究内容包括如下四个方面。

（1）全球制造业碳转移排放格局演化及趋势

运用社会网络分析方法，描绘全球碳转移排放格局演化，从全球尺度、区域尺度、国家尺度分析全球碳转移网络特征，科学审视中国制造业在全球碳转移排放中的地位和作用。

①系统刻画全球制造业贸易隐含碳排放分布特征及演化趋势,界定主要概念,描述制造业碳转移排放历史与现状,对世界各国制造业出口比较隐含碳指数进行分析,并对制造业子行业贸易隐含碳流向进行描绘。

②提炼国际碳转移特征。运用社会网络分析方法构建全球制造业贸易隐含碳网络。从整体网络特征、网络社团和模体及节点中心性等三个方面对网络的宏观、中观及微观特征进行全面刻画,探明不同国家(地区)在网络中的地位,分析全球制造业贸易隐含碳网络的演化特征。运用Gephi软件对各个网络进行可视化描绘。

(2)国际制造业碳转移排放对中国的影响

从调研和分析国内制造业承接碳转移出发,结合中国制造业绿色低碳发展战略,厘清中国制造业隐含碳排放的时空格局变化,剖析碳排放的驱动因子,分解碳排放的增量,分析碳减排潜力。

①测度中国制造业整体碳排放水平。

②厘清中国制造业承接国际碳转移时空格局变化。结合投入产出分析测度中国制造业各行业贸易隐含碳规模。分析中国制造业承接国际碳排放转移的国家地区结构及隐含碳出口行业结构。计算中国各部门隐含碳贸易条件变化情况,分析中国制造业出口隐含碳的流向。

③研判中国制造业在国际隐含碳网络中的地位,包括中国制造业在贸易隐含碳网络中的个体网特征、中国制造业各子行业在国际贸易隐含碳网络中的特征。

④剖析中国制造业隐含碳排放影响因素,运用门槛模型着重考察GVC分工对中国制造业贸易隐含碳的影响。

(3)国际制造业碳转移排放的形成机制

重点研究国际制造业碳转移排放的形成机制,探索GVC分工背景下的全球制造业碳转移排放规律,研判未来国际碳转移排放发展趋势。

①回顾梳理国际制造业碳转移排放影响因素。

②研究GVC分工对国际制造业碳转移排放的影响机制。建立贸易隐含碳决定模型,论证GVC分工对贸易隐含碳排放的影响过程,提出GVC分工通过碳排放转移效应、抑制效应和锁定效应影响全球贸易隐含

碳排放格局。

③开展 GVC 分工对全球制造业贸易隐含碳网络影响的实证分析。运用多种方法对各国参与 GVC 分工情况进行测度和比较。建立 GVC 分工网络，从宏观层面，运用多元回归二次分配程序(multivariate quadratic assignment procedure，MRQAP，也称 MRQAP 方法)就 GVC 分工网络和全球制造业贸易隐含碳网络之间的关系进行回归分析。在微观层面，运用面板分位数回归方法(quantile regression，QR，也称 QR 回归分析方法)就 GVC 分工对全球制造业贸易隐含碳网络各节点的影响进行分析。对发达经济体和发展中经济体进行分组估计。

④比较分析发达经济体、发展中国家和新兴经济体制造业 GVC 嵌入的特点及各自在制造业贸易隐含碳网络中的地位，实证考察一国 GVC 参与度、参与方式及分工地位变化对制造业贸易隐含碳网络的影响。

(4)中国制造业出口隐含碳减排策略

提出降低制造业碳转移排放影响的目标、重点任务、技术发展方向和技术路线，以及相应的保障措施和政策建议。

①梳理提升 GVC 分工地位和降低碳排放的国际经验。

②分析中国制造业 GVC 地位变化和隐含碳减排面临的机遇及挑战。

③提出 GVC 分工背景下中国制造业隐含碳排放调控的总体思路，以及中国制造业在未来 GVC 分工中进行低碳转型发展战略。

④提出中国未来参与全球气候治理及实现低碳可持续发展对策建议。重点针对制造业提出减排思路、减排路径和减排重点。

1.3　相关概念界定

1.3.1　贸易隐含碳

人类在社会生产和生活过程中产生了相应的碳排放。碳排放是温室气体排放的总称，由于温室气体的主要成分是二氧化碳，因此一般用"碳"

来代表。碳排放中的"碳"通常有两种解释：一是指碳元素的质量，即根据消费的不同种类的化石能源数量，根据不同的分子结构估算其包含的碳元素的质量；二是指二氧化碳的质量，即根据消费的不同种类的化石能源数量，根据不同的折算系数估算其所产生的二氧化碳的质量。实际上，由于化石能源在燃烧后，绝大部分碳元素都将以二氧化碳的形式释放出来，因此上述两种方法在本质上是一致的。由于二氧化碳是造成温室效应加剧的主要气体之一，而且各种国际碳排放控制协议均以此作为碳排放计量标准，因此本书也采用二氧化碳作为碳排放的计量对象。

隐含碳(embodied carbon)，又称为体现碳、虚拟碳或内含碳，指的是产品和服务在生产过程中直接和间接产生的碳排放总量(Peters,2008)。《联合国气候变化框架合约》(1992)将隐含碳定义为商品从原料的取得、制造加工、运输到成为消费者手中所购买的产品整个生产过程中所直接或者间接排放的二氧化碳。其中直接排放的二氧化碳主要指在最终产品生产过程中消耗的化石燃料产生的二氧化碳，而间接排放的二氧化碳主要指生产最终产品所需投入的原材料或二次能源(主要是电力)在生产过程中消耗的化石燃料产生的二氧化碳。

贸易隐含碳排放是指伴随国际贸易活动而产生的隐含碳，主要指的是国际贸易活动中产品满足进口国消费需求，但碳排放却发生在出口国这一现象。因此，在一些研究中贸易隐含碳排放也被称为碳排放转移。贸易隐含碳排放具体又包括进口隐含碳和出口隐含碳。其中，出口隐含碳是指国内产品出口并在国外被消费，而生产产品时在国内产生了碳排放；进口隐含碳是指在国外进口的产品并在国内被消费，生产产品时在国外产生了碳排放。

通过环境投入产出模型(environmentally extended input-output analysis,EEIOA)可以更为精准地定义贸易隐含碳。投入产出模型是研究经济系统的重要模型之一，在简化和抽象复杂的经济现象时，采取了四个基础假设(Leontief,1986)。第一，同质性假设。同质性假设假定每个产业部门只生产一种同质产品，且不同产业部门的产品之间不能相互替代。通过这个假设，可以将生产工艺相同、投入结构相同、经济用途一致的产业划分在一个产业部门内。第二，规模报酬不变假设，也称为比例性假设。该假设假定,每个产业部门的要素投入量与要素产出量保持正比例关系。第三,相加性假设。该假设假定几个部门的产出之和等于对这几个部门分别投入量之和,也就是说,在各产业部门的生产活动中,不存在本部门经济活动之外的外部经济因素。第四,消耗系数稳定性假设。该假设假定在一定时期内,通常是 1～2 年内,各产业部门的消耗系数保持相对稳定,这种动态上的假设是利用投入产出模型进行经济分析和预测的前提。借助多区域投入产出模型(multi regional input-output,MRIO,简称 MRIO 模型)可以得到各国(地区)贸易隐含碳排放分解及测度方法。假设一个只有两国(国内和国外)的世界,其中每个国家在 N 个不同的行业中生产可贸易产品,那么一国总产出可以表示为式(1-1)。

$$X^s = \underbrace{A^{ss}X^s + Y^{ss}}_{\text{国内生产}} + \underbrace{A^{sr}X^r + Y^{sr}}_{\text{出口}} \qquad r,s = 1,2 \tag{1-1}$$

其中,s 表示生产国,r 表示进口国。X^s 为国家 s 的 $N \times 1$ 阶的总产出矩阵,Y^{sr} 为 $N \times 1$ 阶矩阵,表示 s 国生产满足 r 国最终消费的产品;A^{sr} 为 $N \times N$ 的投入产出系数矩阵,反映了 s 国生产中间产品供 r 国使用的情况。因此,式中 $A^{ss}X^s + Y^{ss}$ 表示满足国内消费的生产部分,$A^{sr}X^r + Y^{sr}$ 表示出口到国外部分。为了了解中间产品生产情况,将式(1-1)调整为式(1-2)。

$$X^s = \underbrace{A^{ss}X^s + A^{sr}X^r}_{\text{中间产品生产}} + \underbrace{Y^{ss} + Y^{sr}}_{\text{最终产品生产}} \tag{1-2}$$

两个国家的投入产出模型可以用矩阵表示为式(1-3)。

$$\begin{bmatrix} X^s \\ X^r \end{bmatrix} = \begin{bmatrix} A^{ss} & A^{sr} \\ A^{rs} & A^{rr} \end{bmatrix} \begin{bmatrix} X^s \\ X^r \end{bmatrix} + \begin{bmatrix} Y^{ss} + Y^{sr} \\ Y^{rs} + Y^{rr} \end{bmatrix} \tag{1-3}$$

进而可以将式(1-3)转化为式(1-4)。

$$\begin{bmatrix} X^s \\ X^r \end{bmatrix} = \begin{bmatrix} I - A^{ss} & -A^{sr} \\ -A^{rs} & I - A^{rr} \end{bmatrix}^{-1} \begin{bmatrix} Y^{ss} + Y^{sr} \\ Y^{rs} + Y^{rr} \end{bmatrix} = \begin{bmatrix} B^{ss} & B^{sr} \\ B^{rs} & B^{rr} \end{bmatrix} \begin{bmatrix} Y^s \\ Y^r \end{bmatrix} \tag{1-4}$$

将式(1-4)扩展到多国情形,可以得到多个国家的投入产出模型:

$$X^s = A^{ss}X^s + \sum_{s \neq r}^{G} A^{sr}X^r + Y^{ss} + \sum_{s \neq r}^{G} Y^{sr} = A^{ss}X^s + Y^{ss} + \sum_{s \neq r}^{G} E^{sr}$$

$$= A^{ss}X^s + Y^{ss} + E^{s\cdot} \tag{1-5}$$

其中 $E^{s\cdot} = \sum_{s \neq r}^{G} E^{sr}$ 是国家 s 的总出口。整理式(1-5),可以得到:

$$X^s = (I - A^{ss})^{-1} Y^{ss} + (I - A^{ss})^{-1} E^{S^{\cdot}} \tag{1-6}$$

然后将总出口分解为最终产品出口和中间产品出口,则有:

$$(I - A^{ss})^{-1} E^{S^{\cdot}} = (I - A^{ss})^{-1} \left(\sum_{s \neq r}^{G} Y^{sr} + \sum_{s \neq r}^{G} A^{sr} X^r \right) = \sum_{r \neq s}^{G} B^{ss} Y^{sr} +$$

$$\sum_{r \neq s}^{G} B^{sr} Y^{rr} + \sum_{r \neq s}^{G} B^{sr} \sum_{t \neq s,r}^{G} Y^{rt} + \sum_{r \neq s}^{G} B^{sr} Y^{rs} + \sum_{r \neq s}^{G} B^{sr} A^{rs} (I - A^{ss})^{-1} Y^{ss} \tag{1-7}$$

式中,B^{sr} 为 $N \times N$ 矩阵,被称为里昂惕夫逆矩阵,表示国家 r 每增加一个单位的最终产品产出,需要进口消耗的 s 国各类中间产品量;Y^s 为 $N \times 1$ 列矩阵,表示国家 s 生产的全部最终产品的产量,包括国内最终产品的产量 Y^{ss},也包括出口 Y^{sr}。

现在假设要生产 1 个单位的最终产品(国内销售或者出口),其生产产生的排放量为 P(直接排放),为了进行最终生产需要投入中间产品生产,也会产生碳排放(间接排放);而中间产品的生产也需要投入中间产品,也会产生碳排放,如此循环。即 1 个单位最终产品的碳排放是直接排放和多轮间接排放的总和。因此,若记一国各行业总排放量列向量为 GHP,其可以通过下式计算获得:

$$\begin{aligned} \text{GHP} &= P + PA + PAA + PAAA + \cdots = P(I + A + A^2 + A^3 + \cdots) \\ &= P(I - A)^{-1} = PB \end{aligned}$$

设碳排放强度为 $f_j^c \equiv p_j^c / x_j^c$。其中,$c = s, r, j = 1, 2, \cdots, n$。$F_c$ 表示 c 国各部门碳排放强度列向量,$\hat{F}$ 表示以向量 F_c 为对角线元素的碳排放强度矩阵。

将式(1-7)代入式(1-5)并乘以碳排放强度矩阵 $\hat{F}$,可以得到一国碳排放计算公式(1-8)。

$$P^s = \hat{F}^s X^s = \underbrace{\hat{F}^s L^{ss} Y^{ss}}_{(a)} + \underbrace{\hat{F}^s L^{ss} \sum_{r \neq s}^{G} A^{sr} \sum_{t}^{G} B^{rt} Y^{ts}}_{(b)} + \underbrace{\hat{F}^s \sum_{r \neq s}^{G} B^{ss} Y^{sr}}_{(c)}$$

$$+ \underbrace{\hat{F}^s \sum_{r \neq s}^{G} B^{sr} Y^{rr}}_{(d)} + \underbrace{\hat{F}^s \sum_{r \neq s}^{G} B^{sr} \sum_{t \neq s,r}^{G} Y^{rt}}_{(e)} \tag{1-8}$$

其中 $L^{ss} = (I - A^{ss})^{-1}$ 是本国需求的里昂惕夫逆矩阵。式(1-8)反映了一国总体碳排放分别产生于如下几方面:(a)为供本国(s 国)消费的生产和服务中的最终产品产生的碳排放;(b)为本国出口中间产品产生的碳排放,这部分产品被 r 国进口并加工成最终产品,又通过进口返回到本国;(c) 为本国最终产品出口产生的碳排放;(d) 为本国出口到 r 国的中间产品出口产生的碳排放,这部分中间产品被加工成最终产品后供 r 国国内消费;(e) 为本国出口到 r 国的中间产品出口产生的碳排放,这部分中间产品被加工成最终产品后出口到第三国。总的来说,该式中的(c)、(d)、(e) 都是为了满足国外需求而在国内产生的碳排放,因此被定义为出口隐含碳排放[①],具体解释如表 1-1 所示。

表 1-1　基于 EEIOA 模型的一国碳排放分解

项	名称	含义	计算公式	产生碳排放过程
(a)	EH	供本国消费的生产和服务中最终产品产生的碳排放	$\hat{F}^s L^{ss} Y^s$	s 国生产的最终商品和服务,供 s 国本国国内生产和消费产生的碳排放
(b)	EM	进口的产品和服务中隐含的碳排放	$\hat{F}^s L^{ss} \sum_{r \neq s}^{G} A^{sr} \sum_{t}^{G} B^{rt} Y^{ts}$	s 国生产的中间产品出口到其他国家($A^{sr} \sum_{t}^{G} B^{rt} Y^{ts}$),其他国家利用它生产的中间产品或最终产品和服务,s 国进口这些产品并满足 s 国消费
(c)	EEF	最终产品出口中隐含的碳排放	$\hat{F}^s \sum_{r \neq s}^{G} B^{ss} Y^{sr}$	s 国生产的最终商品和服务,出口给 r 国并供 r 国消费 (Y^{sr})
(d)	EEM	中间产品出口中隐含的碳排放	$\hat{F}^s \sum_{r \neq s}^{G} B^{sr} Y^{rr}$	国内生产的中间产品和服务,出口到 r 国,r 国生产出最终产品并供 r 国本国消费 (Y^{rr})
(e)	EEE	中间产品出口并被进口国重新出口的产品中隐含的碳排放	$\hat{F}^s \sum_{r \neq s}^{G} B^{sr} \sum_{t \neq s,r}^{G} Y^{rt}$	国内生产的中间产品和服务,出口到 r 国,r 国生产出最终产品并出口到其他国家 (Y^{rt})

资料来源:Meng 等(2018)。

---

① 关于一国出口隐含碳 EEIOA 模型的详尽推导可参考:Meng B, Peters G, Wang Z, et al. Tracing CO_2 Emissions in Global Value Chains[J]. Energy Economics,2018,73(C):24-42.

1.3.2 贸易隐含碳网络

所谓网络(networks),是由点和边组成的集合,网络可以用来描述各类复杂系统。贸易隐含碳网络是由国家(地区)构成的节点集和国家间贸易隐含碳排放关系构成的边集组成的复杂系统。网络中的节点、边线和权重分别代表国家(地区)、国家(地区)间贸易隐含碳排放关系和排放规模,三个要素所组成的网络拓扑结构不仅能描述各国(地区)在网络中的地位与作用,还能挖掘国家(地区)之间的隐含碳排放关系和空间格局的整体及局部特征。

1.4　研究方法

(1)理论与实证相结合的方法

本书在国际贸易理论、全球价值链理论、一般环境污染均衡理论、低碳经济理论及生态经济协调发展理论等基础上,从理论上分析了 GVC 分工对贸易隐含碳的影响机制。同时,通过构建投入产出模型、社会网络分析及计量经济分析对两者之间的关系进行验证,并辅以常规模型的实证检验。

(2)社会网络分析方法

SNA 方法是一种基于图论,运用"关系数据"研究某系统的空间网络结构和特征的方法。SNA 以网络的视角系统性地分析社会或经济微观主体之间的关联与相互作用,已经在经济学、社会学和管理学等各个研究领域得到广泛应用,可以更好地揭示国家间纵横交错的联系及各经济体在网络中的地位等(刘景卿等,2021;刘华军等,2015)。由于国家之间的碳排放互相影响,形成了全球碳转移网络,存在复杂的非线性关系(余娟娟和龚同,2020)。本书采用 SNA 方法,首先建立了全球制造业贸易隐含碳网络模型;其次通过 Ucinet 软件计算其整体网指标和个体网指标,运用 Fanmod 软件考察模体,再利用 Gephi 软件对各个网络进行可视化描绘;最后还利用网络间回归关系分析的主要工具 MRQAP 方法分析了 GVC 分工网络对制造业贸易隐含碳网络的影响。

（3）计量经济学方法

本书除了从网络整体角度考察了 GVC 分工的影响外,还从微观角
度用计量经济学方法考察了 GVC 嵌入度、GVC 分工地位指数及 GVC 前
向参与度、GVC 后向参与度对节点中心性的影响,从而验证了 GVC 分工
对各国家或地区贸易隐含碳排放的影响。由于被解释变量各节点中心性
并非对称分布,本书采用了 QR 回归分析方法,使用残差绝对值的加权平
均作为最小化的目标函数。

1.5　创新点及不足

本书拟从三个方面对以往研究进行拓展。

首先,在理论研究方面,将 GVC 分工和贸易隐含碳排放纳入同一分
析框架,从 GVC 角度解释了全球碳排放转移的成因和趋势。以制造业
为切入点,论证了 GVC 分工的碳排放转移效应、锁定效应及抑制效应,
并探究其形成机制,认为 GVC 分工对全球贸易隐含碳排放的影响是三
种效应综合作用的结果。

其次,在实证研究方面,运用 SNA 方法分析国际贸易隐含碳转移排
放问题。以往研究主要侧重碳转移排放规模的测度,本书深入一步,将各
个国家或地区作为节点置于贸易隐含碳网络之中,应用 SNA 方法基于增
加值贸易核算方法计算全球制造业贸易隐含碳数据,并据以构建涵盖全
球 62 个主要国家的贸易隐含碳转移网络,从宏观、中观和微观层面揭示
其拓扑特征和演化过程,全面剖析了全球制造业贸易隐含碳转移关系及
各个节点国家的网络地位。

最后,在 GVC 分工对全球贸易隐含碳转移的实证研究方面,整体网
层面,利用 MRQAP 揭示了 GVC 分工网络对 CEM 网络的影响;在个体
结构方面,采用 QR 回归分析方法考察节点 GVC 嵌入与其网络中心性之
间的非线性关系。与基于均值估计的普通最小二乘法(ordinary least
squares,OLS)等传统回归方法相比,QR 回归分析方法可以提供更可靠
的系数,即使经典计量经济学假设失败,它也能提供更稳健的结果(Wang
et al.,2018)。使用 QR 回归分析方法可以探究在不同分位数条件下节
点中心性的驱动因素,为网络中处于不同分工地位的国家和地区制定减

排策略提供依据参考。

本书的不足之处主要有两个方面：理论上分析了 GVC 嵌入对全球制造业贸易隐含碳排放的影响机制，但对于 GVC 影响贸易隐含碳排放的中介变量有待进一步挖掘和验证，从而为政策制定提供更强有力的理论支持；实证方面囿于数据可得性，对于各国 GVC 嵌入对贸易隐含碳排放的影响仅从制造业层面进行了验证，没有深入到各个行业开展深入分析，在未来研究中需要进一步深化。

第2章　相关文献综述

2.1　国际贸易隐含碳研究

对贸易隐含碳规模的测度是相关研究的重要内容。从测度对象和范围角度看,一些学者对部分国家和地区间的碳转移规模进行了测度。例如,Wyckoff 和 Roop(1994)发现,美国、日本、英国、法国、德国、加拿大等国制造业商品进口中隐含碳排放约占其国内总排放的 13%。Peters 等(2008a)测度了 87 个国家碳排放,发现其中的 21.5% 来自国际贸易。多数研究表明,部分发达国家可能会通过碳转移实现自身碳排放的降低,较不发达国家倾向于成为隐含碳出口国家(谢来辉和陈迎,2007;魏本勇等,2009a;Baiocchi et al.,2012)。也有部分学者对单一国家或地区的碳排放转移规模进行了测度(Munoz & Steininger,2010;Bushnell & Chen,2012;Cahill & Gallachóir,2012)。还有研究通过计算进出口贸易中隐含碳排放的污染贸易条件值来分析国际贸易对碳排放的影响及近年来的变化趋势(高静和刘友金,2012;彭水军和张文城,2016;胡剑波和郭风,2017;胡剑波等,2018;庞军,2019)。他们的研究结论均证明国家和地区之间的碳转移排放量占到研究对象整体碳排放规模的较大比重,其影响不可忽视。例如,1990 年,巴西非能源商品进出口中的隐含碳排放量已占到巴西总碳排放量的 11.4%,并且从 1980 年以后,巴西的净出口隐含碳排放量一直增长很快(Schaeffer & Sá,1996)。西班牙在进口和出口贸易中隐含的碳排放量分别占到了总排放量的 36% 和 37%(Sánchez-Chóliz & Duarte,2004)。甚至在发达国家芬兰,几乎所有的碳排放都是由于出口产品造成的(Ståhls et al.,2011)。此外,还有部分学者对特定行业的隐含碳排放量进行了测算,如戴育琴等(2016)运用投入产出法对

2001—2013 年中国农产品出口贸易隐含碳排放量进行测算,李晨等(2018)基于 MRIO 模型与对数平均迪氏指数方法(logarithmic mean divisia index,LMDI,也称 LMDI 方法)对中国水产品贸易隐含碳排放转移进行研究。这些隐含碳排放测度结果表明,无论从全球层面还是国家和地区层面,贸易隐含碳对区域碳排放量的影响都存在范围广、时间长、程度深的特点,因此,在研究区域碳排放问题时,贸易隐含碳是必须考虑的重要因素。

从贸易隐含碳规模的测度方法看,主要有联合国政府间气候变化专门委员会(Intergovernmental Panel on Chimate Change,IPCC)核算法、生命周期评价法(life cycle assessment,LCA)及投入产出法(input-output analysis,IOA),其中基于投入产出模型的隐含碳测度方法成为测度国家和区域间碳转移规模的主要工具。基于投入产出模型的测算,最早使用的是未考虑技术异质性的单区域投入产出模型(single region input-output model,SRIO)。SRIO 假定他国与国内碳排放系数相同,因而估计结果会产生较大的偏差(Lenzen et al.,2004),而使用考虑技术异质性的多国投入产出模型对测度结果有很大改进。但早期的测算,如 Shui 和 Harriss(2006)、闫云凤和赵忠秀(2012)、潘安和魏龙(2014)等,没有区分中间品和最终品贸易,因而测算结果中间品贸易引致的碳排放被忽视。第三阶段是应用 MRIO 模型,如彭水军等(2015)、吴开尧和杨廷干(2016)、姚秋蕙等(2018)、刘庆燕等(2019),区分了各国不同行业中间品和最终品贸易。当前为第四阶段,全球价值链分解模型已应用至贸易隐含碳的测算,用以追溯碳排放生命周期。通过多区域投入产出分析可以更全面地描述全球供应链中隐含的碳流(Hertwich & Peters,2009;Chen & Zhang,2010;Su & Ang,2011;Acquaye et al.,2017;Brizga et al.,2017;de Vries & Ferrarini,2017;Li et al.,2018)和双边贸易隐含碳排放(Peters & Hertwich,2008a;Peters et al.,2011;Du et al.,2011;Meng et al.,2018;Zhu et al.,2018)。例如,Davis 等(2011)发现,全球供应链中约有 102 亿吨二氧化碳或者 37% 的全球温室气体排放来自化石燃料的国际贸易,另外有 64 亿吨二氧化碳或 23% 的全球温室气体排放隐含在商品交易中。

现有的分析已经证实,由国际贸易驱动的经济体之间广泛的碳排放流正在演变成一个日益复杂的相互交织的网络。

2.2　碳排放网络研究

网络科学是一门新兴的交叉学科,可以涵盖数学、物理学等多个领域。厄尔多斯(Paul Erdös)和雷尼(Alfréd Rényi)在 1959 年建立了随机图理论,开创了复杂网络理论的系统性研究。复杂网络(complex net-works)是进行复杂系统分析的一种工具,网络结构可以成为理解复杂世界的重要途径(Barabási et al. , 2002)。复杂网络的概念和方法可以用来研究各种复杂系统的拓扑结构和动力学性质。以往研究中万维网、因特网、基因调控网和引文网都可以作为复杂网络的研究对象。国际上有两项开创性工作掀起了复杂网络研究的热潮。一是小世界(small-world)网络模型的提出,标志着网络研究从完全规则网络到完全随机网络的转变,其提出者 Watts 和 Sotrgatz 指出,小世界网络既具有与规则网络类似的聚类特性,又具有与随机网络类似的较小的平均路径长度(Watts ＆ Strogatz,1998)。二是无标度(scale-free)网络模型的提出。1999 年,Barabási 和 Albert 指出,许多实际的复杂网络的连接度分布具有幂律形式。由于幂律分布没有明显的特征长度,所以该类网络又被称为无标度网络(Barabási ＆ Albert,1999)。复杂网络分析能够为多个领域提供理论基础,尤其是网络结构的研究能够对社会现象进行更好的描述和预测(Lewis,2009;曾宪判,2010)。

SNA 方法是社会学家基于网络科学尤其是复杂网络发展起来的定量分析方法。SNA 和复杂网络研究具有较大交集,两者都是运用网络分析技术对领域内特殊现象和规律进行分析,并对网络结构、动态演变进行阐释和说明(何铮和张晓军,2013)。目前 SNA 在流行病研究、技术创新网络及世界政治和经济体系、国际贸易中被广泛应用。其中在国际贸易网络研究中,研究者将每个国家作为网络节点,国家之间的双边贸易流量作为节点的连线,证明了世界贸易网络满足复杂(而非随机)网络的性质,例如小世界特征、无标度分布、高集聚性等复杂网络特征(Bernard et al.，1995；Serrano & Boguna，2003；Bernard et al.，2007；陈银飞，2011；Ge et al.，2016；Zhong et al.，2018；赵国钦和万方，2016；Du et al.，2017；Cepeda et al.，2017)。网络分析方法可以对传统的投入产出分析进行有益的补充。SNA 方法还被用于贸易中包含的各种资源的研究,其中包括能源(An et al.，2015；Chen & Chen，2015；Zhang et al.，2015；Sun et al.，2016；Du et al.，2017；Kitamura & Managi，2017；Chen et al.，2018)、虚拟水(Suweis et al.，2012；Yang et al.，2012)、原油或石油(孙晓蕾等,2012；马远和徐俐俐,2016)、汞排放(Chen et al.，2019)和能量—水关系(Chen & Chen，2016；Zhang et al.，2020)。

在碳排放研究方面,SNA 方法已被广泛应用于全球区域间网络分析(Paterson et al.，2014；Duan & Jiang，2018；Jiang et al.，2019；Zhang et al.，2019)和次国家尺度(Duan & Jiang.，2018；Gao et al.，2018)贸易隐含的碳流量评估。考虑到行业是跨区域排放转移的主体,不同行业对系统排放的贡献,以及对系统造成影响的程度和途径可能各不相同,众多研究集中在供应链中不同角色的行业之间的排放交互机制(Liang et al.，2014；Wang et al.，2017；Wang & Ang，2018)。此外,Li 等(2020)在系统多区域投入产出分析的支持下,描述了 1995—2011 年全球碳流网络的演化特征。李晖等(2021)基于多区域投入产出数据库[Eora Multi-Region Input-Output(MRIO) Database],构建了 2000 年与 2015 年包含 185 个国家(地区)在内的全球贸易隐含碳净转移空间关联网络,综合研究全球贸易隐含碳网络全局性演化特点及网络板块角色功能特征。

总体来看,目前已有部分学者将 SNA 方法应用于隐含碳分析,为本书研究的开展奠定了良好基础。然而,当前研究内容上主要是立足网络统计特征(如度分布、聚类系数和平均路径长度等)的分析,或选取中心性指标探讨网络主体地位等静态或动态研究,对全球制造业隐含碳网络的微观特征、网络复杂性,尤其是影响因素研究有待进一步深入。

2.3　GVC 分工测度研究

学者对 GVC 分工的认识最早开始于 20 世纪六七十年代对中间品贸易的理论与经验研究（如 Vanek，1963；Grubel ＆ Lloyd，1975；Ethier，1982；Dixit ＆ Grossman，1982；Sanyal ＆ Jones，1982；Helpman，1984）。此后，Porter 在 1985 年提出了价值链理论，并由 Kogut 将价值链的概念从企业层面扩展到区域和国家层面。20 世纪 90 年代后，学者们开始关注 GVC 的片段化和空间组合问题，其中最具代表性的有 Krugman 和 Cooper(1995)、Arndt 和 Kierzkowski(2001)等。在此基础上，Gereffi 等 (2001)将全球价值链定义为"包括生产和服务环节在内的商品跨越国界的设计、生产、组装、营销等一系列环节的组合"。联合国工业发展组织 (UNIDO,2002)则将全球价值链定义为"全球范围内为实现商品或服务价值而连接生产、回收处理等过程的全球性跨企业组织网络"。自 20 世纪 90 年代以来，GVC 分工模式已经成为经济全球化下各国参与国际分工的新常态，是目前国际贸易理论研究的热点（李大伟，2015）。有关 GVC 的研究主要包括其概念的演化，GVC 的治理结构、类型、嵌入地位测算，中国制造业 GVC 地位的现状、制约其攀升的因素及 GVC 地位提升的策略等，其中与本书密切相关的研究主要是 GVC 分工地位或程度测度的研究。

传统有关 GVC 分工测度的方法主要有出口产品价格法、出口产品技术复杂度法、垂直专业化法及增加值贸易核算方法等。当前 GVC 测度主要包括双边贸易的部门总出口分解、生产的前向分解和生产的后向分解，以及关于全球价值链特征的基本测度，包括微笑曲线和生产长度等贸易核算方法。Johnson 和 Noguera(2012)、Daudin 等 (2011)及 Koopman 等(2014)利用投入产出模型构建并发展了增加值贸易核算方法。Johnson 和 Noguera(2012)较早地定义了增加值出口的概念，并利用全球贸易分析项目(global trade analysis project,GTAP)数据，对不同国家间的双边贸易失衡进行了重新评估。Foster-McGregor 等(2013)基于出口和进口增加值定义了贸易增加值为两国之间总贸易流量中所包含的增加值。在 Koopman 等(2014)的总贸易流分解法基础上,Wang 等(2013)又提出了总贸易核算法,将各层面的贸易流分解为 16 种不同的路径。Koopman 等(2014)基于国家间投入产出表,构建了附加值贸易核算的框架,提出了 GVC 地位指数与 GVC 参与指数的测量方法,推动了世界各国贸易增加值核算的发展,为价值链嵌入地位的测量提供了新的理论依据。Fally(2011)较早地提出了生产链长度来测度一国在 GVC 中的参与情况。Fally(2012)、Antràs 和 Chor(2013)、Antràs 等(2012)进行了生产部门与最终需求的距离或上游度的测度。一个相对上游的部门将其产出的一小部分出售给最终消费者,或者说这个部门销售给其他部门,但这个部门本身对最终消费者的出售相对较少。Fally(2012)提出了用来捕捉给定部门距离经济体主要生产要素(或增值来源)的距离或下游度。某部门如果其生产过程中使用的增加值相对于中间投入品较少,或者是当其从自身使用中间投入品密集的产业购买中间投入品时,该部门产业中就会表现为处于下游。Chor 等(2014)将上游度指数引入企业层面,研究了中国企业在全球价值链中位置的动态变化。Wang 等(2017c)提出了分别分解增加值和最终产品进而衡量 GVC 的前向参与度和后向参与度。Wang 等(2017b)基于 16 项行业层面的总出口分解方法,进一步识别出价值链生产活动,基于前向关联(供给端视角)和后向关联(需求端视角)分别测算了行业价值链生产长度,并提出了考虑供求的价值链相对位置指标。

上述增加值贸易核算方法的提出与改进,为考察 GVC 分工特征提供了可能。相关研究主要在参与程度、分工地位、贸易利益等方面构建指标并展开分析。Del Prete 等(2017)计算了北非国家的 GVC 参与度,分析认为该地区参与 GVC 分工的程度有所提高,随之引起了企业生产率的提高。许和连等(2018)、高运胜等(2018)、盛斌和景光正(2019)分别从离岸服务外包网络、融资约束、金融结构等不同方面剖析了中国不同行业 GVC 分工地位变动的深层次原因。与 GVC 地位指数作为经济地位的衡量指标不同,上游度主要用于衡量一国在 GVC 分工中的物理地位(苏庆义和高凌云,2015),如王岚和李宏艳(2015)借助上游度考察了中国不同技术水平制造业在 GVC 分工中的位置。Ju 和 Yu(2015)还在异质性企业模型基础上将上游度从产业层面扩展至企业层面,考察了中国在产业、区域及企业层面参与价值链分工的位置情况。此外,张会清和翟孝强(2018)还引入了 GVC 位置指数,考察了中国和主要经济体在 GVC 中的位置变化。谢会强等(2018)采用中国制造业中间品出口的国内增加值率与最终品出口的国内增加值率之差来衡量中国制造业的 GVC 分工地位。潘安和戴岭(2020)在总贸易核算框架下对各国出口的增加值进行分解,提出衡量分工深度和广度的 GVC 分工程度指数和集中度指数,并重新构建了 GVC 地位指数,形成了衡量 GVC 分工程度、地位、集中度三维特征的指标体系。

2.4　GVC 分工对碳排放的影响研究

GVC 分工对碳排放的影响研究源于贸易自由化的环境效应分析。一种方法是基于 Grossman 和 Krueger(1991)提出的贸易环境分解框架,运用结构分解分析法(structural decomposition analysis,SDA)对贸易隐含碳排放进行分解,从规模、结构和技术方面进行影响因素分析。已有多项研究结合 SDA 和 MRIO 分析了技术差异、贸易结构、专业化等因素,借以剖析全球隐含碳的历史演化模式及驱动力(Yamakawa & Peters,2011;Xu & Dietzenbacher,2014;Malik & Lan,2016;Fan et al.,2017;Jiang & Guan,2017;Mi et al.,2018;Su et al.,2017;Wang & Ang,2018)。另一种方法是基于计量方法分析 GVC 对环境的影响,但学术界并未形成一致意见。部分研究延续了"贸易有益论"的观点,认为参与全球价值链分工整体上有助于降低环境污染。Dean 和 Lovely(2008)认为垂直专业化促进了中国对外贸易污染强度下降。Aklin(2016)指出贸易有利于促进清洁生产的技术扩散。张少华和陈浪南(2009)、Liu 等(2018)发现参与 GVC 分工可以提高能源效率。李斌和彭星(2011)认为 GVC 嵌入对中国碳排放的影响比规模扩张和技术进步更显著,向 GVC 高端迈进有助于缩小中国碳排放规模。张红霞等(2018)通过改进的 STIRPAT(stochastic impacts by regression on population, affluence, and technology)模型实证研究了中国制造业碳排放和全球价值链分工地位的关系,结果显示:全球价值链分工地位的提升可显著降低中国制造业碳排放。也有部分研究支持"贸易有害论",证实了全球价值链参与具有陷阱和锁定效应。如丘兆逸(2012)在宏观层面的实证分析结果显示,国际垂直分工导致中国二氧化碳排放的增加。余娟娟(2017)对企业微观层面数据分析的结果是,中国企业的 GVC 嵌入总体上表现出负面的环境效应。

目前多数实证研究认为,GVC 分工和污染排放或碳排放之间存在非线性关系。GVC 嵌入能够推动节能减排,但同时由于俘获锁定效应的存在,导致 GVC 嵌入与能耗排放呈 U 形或倒 U 形关系。当全球价值链嵌入小于门槛值时,技术进步会增加污染排放。当全球价值链嵌入超过门槛值时,技术进步会降低污染排放(王玉燕和林汉川,2015;杨飞等,2017;谢会强等,2018;陶长琪和徐志琴,2019;Wang et al.,2020)。Meng 等(2018)指出,从生产者和消费者的角度来看,一个国家的碳排放水平在很大程度上取决于其通过国际贸易直接或间接参与 GVC 的程度及分工地位。通过国际贸易制造一单位 GDP 的环境成本是国内生产网络制造的1.4 倍(1995 年)和 1.8 倍(2009 年),其中的主要原因是不同国家环境规制水平差异产生的国际贸易带来的碳泄漏,另一个驱动因素是生产的日益分散需要更多的国际货物运输。

当前 GVC 对碳排放的影响研究进一步细化,将 GVC 分工指标分为GVC 参与度、GVC 分工地位等进行深入研究。例如吕延方等(2019)考察了 GVC 参与度对出口贸易隐含碳、进口贸易隐含碳、贸易碳平衡和污染贸易条件的影响,认为它们之间均存在不同转换机制下的非线性影响。随着技术水平的持续变化,前三个模型呈现双门槛特征,污染贸易条件模型呈现单门槛特征。陶长琪和徐志琴(2019)的研究结果显示,GVC 分工地位和参与度对进出口隐含碳排放强度的作用方向截然相反,前者的负向作用明显。融入 GVC 对出口隐含碳排放的间接效应均存在双重门槛。随着 GVC 分工地位的提高,规模效应的促进作用越来越小,结构、技术和环境规制效应的减排作用逐渐显现。徐博、杨来科和钱志权(2020)研究认为,全球价值链分工地位对碳排放水平的影响与环境库兹涅茨曲线(environmental Kuznets curve,EKC)相类似,GVC 分工地位的上升对于碳排放的影响呈倒 U 形关系。蔡礼辉等(2020)研究认为,基于前向联系的 GVC 嵌入度与中国工业行业二氧化碳排放呈 U 形关系,而基于后向关联的 GVC 嵌入度与二氧化碳排放存在正相关关系。前后向 GVC 嵌入度对中国工业行业二氧化碳排放的影响存在显著的行业异质性。张志明等(2020)考察了亚太价值链嵌入加剧了中国的空气污染,发现总体上后向嵌入对空气污染的加剧作用强于前向嵌入,动态看总体嵌入和后向嵌入仍处于亚太价值链嵌入的空气污染恶化区间。

2.5　简要述评

整体来看,现有文献在 GVC 分工测度及贸易隐含碳排放测度方面都开展了大量卓有成效的研究,相关测度方法的适用性和数据来源的精确性都有了极大提高,这是本书研究开展的基础。但有关贸易隐含碳空间结构特征的研究并不多见,将 GVC 分工和贸易隐含碳排放纳入统一分析框架的研究也不多见,且现有研究结论还存在较大分歧。

首先,以往"碳泄漏"理论研究多囿于东道国和母国的二元关系对碳排放的决定性影响,从而忽视了第三方国家的关联性影响。因而关于贸易隐含碳排放的研究主要侧重于单要素碳排放绩效与碳排放绝对量,大多集中在国际贸易中隐含碳转移"量"的核算。少数关于碳排放网络的研究对于网络复杂性进行了探讨,然而对于网络发展的影响因素及演化动因缺乏深入的研究。

其次,已有实证研究文献大多利用均值回归研究对外贸易对碳排放均值的影响。然而,由于资源禀赋和经济发展水平等差异,各国贸易隐含碳排放量存在明显差异,利用均值回归中的"平均水平"无法反映驱动因素对不同的隐含碳排放水平的国家和地区的影响。政府部门制定碳减排政策的重点是针对高排放地区,基于均值回归结论制定的碳减排政策指导意义不强。

第3章 国际制造业碳转移的形成机制

3.1 贸易隐含碳相关理论

3.1.1 贸易隐含碳

国际分工与全球价值链的发展极大地改变了传统意义上国家内部的生产和消费模式,使得产品和服务的生命周期跨越了多个国家和地区。在传统的国际贸易模型中,一个国家通常负责从原材料采集到成品制造的所有生产步骤。然而,在现代全球经济体系中,产品的不同生产阶段往往分布在不同的国家。例如,一家跨国公司可能会在中国进行电子产品的组装,但其零部件可能来自韩国、日本等地,而最终的产品则销往欧美市场。每个参与国在其专长领域内专注于特定的生产活动,如研发设计、零部件制造、组装测试等,这导致了生产环节的显著分散化。伴随着生产环节的分散,中间产品的国际贸易量大幅增加。这些中间产品在其生产过程中已经产生了碳排放,当它们被出口到其他国家继续加工成最终产品时,这部分排放就以"隐含"或"嵌入"的形式随同商品一起流动。

理论上,如果一个国家完全通过进口国外制造的商品来代替国内生产,就会出现零碳排放的情况。而实际上这种减排方式对全球碳排放总量没有丝毫影响,甚至由于生产国技术水平差异,会造成全球碳排放总量的增加。这也就是学术界所指出的区域间"碳泄漏"问题(Rhee & Chung,2006;Liu et al. ,2015)。政府间气候变化专门委员会把"碳泄漏"

定义为:《京都议定书》附件Ⅰ国家[①]的部分减排量可能被不受约束国家的高于其基线的排放增加部分所抵消的现象。更一般地,碳泄漏是指一个区域减排行动导致其他区域碳排放增加的现象(Reinaud,2008)。

1974 年,国际高级研究机构联合会(International Federation of Inspection Agencies,IFIAS)为了衡量某种最终产品或服务在生产过程中直接和间接对资源的消耗总量,其能源分析组在报告中提出了"隐含能"(embodied energy)一词。

3.1.2　贸易隐含碳和碳转移排放的关系

碳排放转移指一个国家或地区通过国际贸易将碳排放转移到另一个国家或地区。例如发达国家通过进口高碳密集型产品,可以将生产过程中的碳排放转移到发展中国家。而贸易隐含碳是指在产品生产过程中产生的碳排放,这些产品通过国际贸易从一个国家出口到另一个国家,它反映了国际贸易中的碳足迹。贸易隐含碳和碳转移排放在实际操作中是相互关联的。在全球化生产的垂直分工过程中,发展中国家通过向发达国家出口能源密集型产品,产生了大量的贸易隐含碳排放。这些排放随着商品的出口转移到消费国,实现了碳排放的转移。例如,中国的出口导向型经济结构和基础原材料工业比例较高的产业结构特点,使得中国在加入世界贸易组织(WTO)后,对外贸易导致的净出口碳占中国碳排放总量的 1/4 强。

---

① 为了将温室气体排放量控制在 1990 年的水平之下,《京都议定书》规定了附件Ⅰ中的 39 个工业发达国家在 2008—2012 年间所要完成的减排目标。以下列出了各国在 2008—2012 年间的温室气体减排目标和减排压力:澳大利亚(8;22.2)、奥地利(−8;8.8)、比利时(−8;2.9)、保加利亚(−8;−56.0)、加拿大(−6;20.1)、克罗地亚(−5;−11.5)、捷克(−8;−24.9)、丹麦(−8;−0.4)、爱沙尼亚(−8;−55.2)、欧洲共同体(−8;−2.5)、芬兰(−8;6.8)、法国(−8;−1.9)、德国(−8;−18.6)、希腊(−8;26.0)、匈牙利(−6;−31.0)、冰岛(10;−4.2)、爱尔兰(−8;28.9)、意大利(−8;8.8)、日本(−6;12.1)、拉脱维亚(−8;−62.8)、列支敦士登(−8;0.11)、立陶宛(−8;−65.7)、卢森堡(−8;−19.8)、摩纳哥(−8;31.7)、荷兰(−8;1.1)、新西兰(0;21.6)、挪威(1;6.1)、波兰(−6;−32.2)、葡萄牙(−8;40.5)、罗马尼亚(−8;−48.0)、俄罗斯(0;−38.5)、斯洛伐克(−8;−28.4)、斯洛文尼亚(−8;−1.1)、西班牙(−8;40.5)、瑞典(−8;−3.5)、瑞士(−8;−1.7)、乌克兰(0;−47.4)、英国(−8;−14.5)、美国(−7;13.1)。国家名称后括号内的前一数字为这一国家的减排目标:正的数字表示在 1990 年排放量的基础上可以增加排放的百分比(%省略),负的数字表示应减少排放的百分比;后一数字为该国的减排压力(基于 2002 年数据分析):正的数字表示该国 2002 年的温室气体排放量比 1990 年排放量的增长量(%省略),负的数字表示减少量。

贸易隐含碳的存在使得碳排放的责任分配变得复杂,因为排放实际发生在生产国,但受益者可能是消费国。传统的基于领土原则的碳排放核算方法忽略了通过贸易转移的碳排放,这可能导致某些国家看似减少了国内排放,但实际上只是将排放转移到了其他国家。因为根据领土原则,各国只统计发生在其国境内的碳排放,而不考虑这些排放是用于满足国内需求还是出口。这种方法简单明了,便于操作,但忽视了国际贸易对碳排放分布的影响。例如,中国作为世界工厂,大量生产出口产品,虽然实际排放发生在中国,但最终消费者可能在欧洲或美国。因此,基于领土原则的核算可能导致某些国家看似减少了国内排放,但实际上只是将排放转移到了其他国家,而贸易隐含碳揭示了碳排放的真实来源。

3.1.3　基于生产者责任和基于消费者责任的碳排放

基于消费者责任的碳排放指的是与最终国内需求有关的排放,这种需求包括最终消费(家庭、非营利性机构和政府)、固定资本形成总额、存货变动和居民在国外直接购买。因此,这种排放也可以被界定为基于需求的排放。后者较好地反映了这一概念,而前者则更为常用。在实践中这两个词经常被用作同义词。

生产的专门化通过商品和服务的交换增加了各部门的依赖性。这些部门间的联系造成了碳泄漏。尽管发达国家为实现《京都议定书》的温室气体(greenhouse gases,GHG)减排目标做出了巨大的努力,但从发展中国家进口排放密集型产品导致的碳泄漏仍在推动全球温室气体排放量的增加(Peters et al.,2011)。因此,Davis 和 Caldeira(2010)及 Hertwich 和 Peters(2009)都建议建立包括生产(向直接生产者分配排放量)和消费(向最终消费者分配排放量)的核算方法将全球排放量分配给个别国家,以制定国际气候政策。

图 3-1 显示了一个由三个部门组成的示例,说明了基于生产和消费的二氧化碳排放核算的差异。

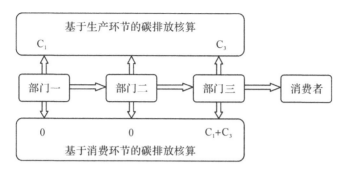

图 3-1 基于生产者责任和消费者责任的碳排放核算结果比较

假设只有部门三生产最终消费者使用的产品。从以生产为基础的角度来看,部门一、二和三直接产生的二氧化碳排放量分别为 C_1、0 和 C_3。从以消费为基础的角度来看,部门三负责生产最终产品产生的所有排放($C_1 + 0 + C_3$),其中部门一和部门二没有任何以消费为基础的排放。基于消费的排放经常使用环境扩展投入产出(Input-Output,I-O)模型来估计(Davis & Caldeira,2010;Peters,2008)。这些核算结果可以帮助制定政策,重点要么是降低生产部门的碳强度,要么是改变消费部门的消费模式。以生产和消费为基础的排放核算框架基本上确定直接产生排放的上游部门(如部门一)或间接导致产生排放的下游部门(如部门三),对气候政策制定具有重要的意义。

在碳排放责任分配中,基于消费者责任的碳排放核算是将全球生产链上的碳排放分配给最终消费产品的国家。在这里用一个木桌的例子简要解释以消费和以生产为基础的排放之间的区别:在法国,最终消费者会购买一张木桌。它是由一家德国物流公司从波兰运来的。它在波兰由螺丝(中国生产)和木板(立陶宛生产)组装而成。中国提供工具让立陶宛将芬兰的木材切割成木板。这些工具由金属制成。英国使用澳大利亚的铁矿石和德国的机器生产金属。在生产链的每一步都排放二氧化碳:通过波兰、德国和法国的运输,在波兰组装(使用电力),在芬兰砍伐木材(使用柴油发电机),等等。这些排放是基于生产或地区的。以消费为基础的排放是完全相同的排放,但最终分配给消费者的国家(即法国)的是木质桌子。

3.2 GVC分工影响环境的相关理论

3.2.1 波特假说

传统经济学认为环境规制可以在限制经济活动对自然环境的有害影响方面发挥重要作用,但它们同时也会增加企业的成本,因为要求企业减少外部性污染必然限制了他们的选择。然而 Porter(1991)认为国际竞争力不再源于企业成本的高低,而是持续创新能力的强弱,并提出"严格的环境法规并不一定会降低企业竞争力,事实上,它们常常会增强这种能力"。随后 Porter 和 Van der Linde(1995)指出,如果设计得当,环境法规可以导致"创新抵消",这种"创新抵消"不仅可以改善环境绩效,而且可以部分地(有时甚至全部地)抵消监管的额外成本。Porter 和 Van der Linde 进一步解释说,至少有五个原因导致了这些结果。第一,环境规制向企业发出了可能存在的资源效率低下和潜在技术改进的信号。第二,以污染信息收集为重点的环境规制可以通过增强企业环保意识来实现原定目标。第三,环境规制减少了投资价值的不确定性,尤其是解决环境问题方面的投资。第四,环境规制会产生压力,推动创新和进步。第五,环境规制有助于营造公平的竞争环境。最后,他们也承认,创新并不总是能够完全抵消合规成本,尤其是在学习能够降低基于创新的解决方案成本之前的短期内。简而言之,精心设计的环境法规在某些情况下可能会导致帕累托改进或"双赢"局面,即不仅保护环境,而且通过改进生产过程或提高产品质量来提高利润和竞争力。

Jaffe 和 Palmer(1997)进一步把"波特假说"区分出三种版本,分别是"狭义波特假说""弱波特假说"和"强波特假说"。"狭义"版强调只有设计得当的环境规制方式才能有效刺激企业技术革新。"弱"版认为环境规制能够激发企业技术革新,但不确定创新收益是否能与环境规制的遵循成本完全抵消并使其受益。"强"版则认为环境规制引致的生态创新能一定限度地提高企业生产率,进而补偿企业成本并提升企业竞争力。

3.2.2　污染避难所假说

Water 和 Ugelow(1979)提出了著名的"污染避难所假说"(Pollution Haven Hypothesis,PHH)。该假说认为:假如不同国家或区域间仅在环境规制强度上存在差异,那么污染密集型产业就会向环境规制相对宽松的国家或区域转移,从而出现 PHH 效应。其流向一般是从发达国家向发展中国家转移,发展中国家因此沦为污染转移的避难所。Taylor(2005)把污染避难所效应划分为五个阶段以解释环境规制对污染产业转移影响的理论逻辑:第一,一国的资源禀赋、社会价值、收入水平等国别特征决定该国的环境标准;第二,一国的环境标准高低决定企业的污染治理成本;第三,包含污染治理成本的企业总生产成本决定资本要素的流动和贸易模式;第四,贸易模式又作用于商品价格、国际收支及污染水平等变量;第五,商品价格、国际收支及污染水平等变量反作用于环境规制水平,由此形成一个循环系统。

3.2.3　环境标准竞次假说

"环境标准竞次假说"是"污染避难所假说"的一个推论。如果"污染避难所假说"成立,就意味着企业会为了降低治污成本、提高竞争力而选择迁往环境规制较弱的国家(往往是发展中国家)。这就导致一方面发展中国家为了获得更多的投资和实现经济的增长而竞相降低各自的环境规制水平,而另一方面由于投资的持续外流和就业机会的加速流失迫使高收入国家也开始降低环境规制水平,最终会导致全球环境体系在"向下看齐"过程中走向崩溃。Wheeler(2001)强调了该理论基本假设方面存在的问题:首先,对于大多数私营企业来说,环境规制带来的控制污染的成本确实挺重要,但不是企业区位选择的决定性因素;其次,收入水平的提高会通过各种方式提高环境规制水平;再次,很多企业控制污染本身就是为了降低生产成本;最后,大型跨国公司在发展中国家的业务中通常遵守经济合作与发展组织(简称经合组织,英文缩写为 OECD)的环境标准。

3.3 GVC 分工影响贸易隐含碳的理论框架

借鉴吕延方等(2019)研究建立的 GVC 嵌入影响贸易隐含碳的理论模型。该模型假设在一个小型开放经济体中:①只有两个国家 a 和 b,且存在进出口贸易,只生产两种产品 X 和 Y,只使用两种生产要素资本 K 和劳动力 L;②贸易对环境的影响只考虑其引起的碳排放效应;③规模报酬不变,从而产品 X 和 Y 的生产技术水平可以用单位成本函数 $C^X(w,r)$ 和 $C^Y(w,r)$ 来表示,令 Y 为计价标准,设 $P_Y=1$,产品 X 的相对价格为 P_X;④考虑 GVC,δ 表示 a 国在生产 X 产品的 GVC 分工中的参与程度,$\delta \in [0,1]$,δ 越大,在 GVC 中的参与度越高;⑤市场是完全竞争的。

假设 a 国 X 产品生产过程中所产生的碳排放量为 C_a,X 产品一部分用于国内消费,另一部分用于出口,设有 θ 比例用于国内消费;b 国 X 产品生产过程中产生的碳排放量为 C_b,且 X 产品有 σ 比例用于国内消费。因此,a 国 X 产品用于出口的产量为 $X^a=(1-\theta)f^a(K_x,L_x)$,$b$ 国 X 产品用于出口的产量,也即 a 国 X 产品的进口量为 $X^b=(1-\sigma)f^b(K_x,L_x)$。

若 $\varphi(\theta)$ 是关于 θ 的碳排放函数,$\varphi(\sigma)$ 是关于 σ 的碳排放函数,则 a 国出口隐含碳排放量和进口隐含碳排放量分别为:

$$C_e^a=\varphi(\theta)f^a(K_x,L_x) \tag{3-1}$$

$$C_i^a=\varphi(\sigma)f^b(K_x,L_x) \tag{3-2}$$

由于随着贸易规模的扩大,出口隐含碳排放增加,但随着技术水平的提升,出口隐含碳排放量降低。因此,将 $\varphi(\theta)$ 的具体形式设定为:

$$\varphi(\theta)=\frac{1}{T}(1-\theta)^{\frac{1}{a}} \tag{3-3}$$

其中 $0<a<1$,$\varphi'(\theta)<0$,$\varphi''(\theta)>0$,T 为生产技术水平。将式(3-3)代入式(3-1),可得:

$$C_e^a=\frac{1}{T}(1-\theta)^{\frac{1}{a}}f^a(K_x,L_x) \tag{3-4}$$

从而得到 a 国 X 产品出口量为:

$$X^a=(1-\theta)f^a(K_x,L_x)=(TC_e)^a f^a(K_x,L_x)^{1-a} \tag{3-5}$$

其中 T 为生产技术水平。进一步引入 GVC 分工模式，设 $\varphi(\delta)$ 为 a 国的 GVC 参与度对 a 国出口贸易隐含碳的影响函数，在嵌入 GVC 的条件下，a 国的出口贸易隐含碳排放决定式为：

$$C^a = \frac{1}{T}(1-\theta)^{\frac{1}{a}} f^a (K_x, L_x)^{1-a} \varphi(\delta) \tag{3-6}$$

a 国 X 产品出口量为：

$$X^a = (TC_e)^a f^a (K_x, L_x)^{1-a} \varphi(\delta)^{-a} \tag{3-7}$$

假设出口国 a 国政府征收的碳税为 $\varepsilon = \eta TC_e$，进口国（即 b 国）征收的进口碳关税为 $\mu = \beta TC_e$，TC_e 为考虑生产技术水平后的碳排放水平，η 为 a 国征收的碳关税税率，β 为 b 国征收的碳关税税率，这里忽略运输成本和贸易摩擦成本。如果用 w 和 r 分别表示劳动力和资本的价格，那么 X 产品的单位成本可以表示为 $C^X(w, r)$，从企业成本最小化角度考虑，企业在决策时会选择最优的产品产量和碳排放量来使得企业的单位成本最小，即求解式（3-8）。

$$\begin{cases} \min\{(\eta+\beta) \cdot TC_e + C^X(w, r) \cdot f^a(K_x, L_x)\} \\ \text{s. t. } (TC_e)^a \cdot f^a(K_x, L_x)^{1-a} \varphi(\delta)^{-a} = 1 \end{cases} \tag{3-8}$$

令其一阶导数为 0，可以得到：

$$\begin{cases} (\eta+\beta)T = -a\lambda T C_e^{a-1} f^{1-a} \varphi^{-a} \\ C^X = -(1-a)T^a C_e^a f^{-a} \varphi^{-a} \end{cases} \tag{3-9}$$

其中，λ 为拉格朗日乘数。（3-9）上下两式相除可得：

$$\frac{C^X}{\eta+\beta} = \frac{[(1-a)TC_e]}{af^a} \tag{3-10}$$

前文假设市场是完全竞争的，从而企业生产产品 X 的利润为 0：

$$\pi = P_X \cdot X^a - C^X \cdot f^a - (\eta+\beta) \cdot TC_e = 0 \tag{3-11}$$

可以得到：$P_X \cdot X^a = C^X \cdot f^a + (\eta+\beta) \cdot TC_e$，代入式（3-10），得到：

$$X^a = \frac{(\eta+\beta) \cdot TC_e}{aP_X} \tag{3-12}$$

产品 X 的单位产出的碳排放量为：

$$\varphi(\theta) = \frac{C_e}{X^a} = \frac{aP_X}{(\eta+\beta)T} \tag{3-13}$$

代入式（3-6）可得：

$$C_e = S \cdot G_X \cdot \varphi(\theta) \cdot \varphi(\delta) \tag{3-14}$$

其中,S 为 a 国的出口规模:

$$S = P_X X^a + P_Y Y^a \tag{3-15}$$

Y^a 为产品 Y 的出口量;G_X 为产品 X 在出口产品中所占的比例:

$$G_X = \frac{P_X \cdot X^a}{P_X \cdot X^a + P_Y \cdot Y^a} \tag{3-16}$$

最后再将式(3-16)代入式(3-14)中,得到最终出口贸易隐含碳排放效应分解模型为:

$$C_e = S \cdot G_X \cdot \frac{aP_X}{(\eta+\beta)T} \cdot \varphi(\delta) \tag{3-17}$$

进一步将式(3-17)两边同时取对数可得:

$$\ln C_e = \ln S + \ln G - \ln(\eta+\beta) - \ln T + \ln \varphi \tag{3-18}$$

由式(3-18)的理论模型可知,贸易隐含碳排放水平是由出口规模、出口结构、技术水平、国内碳税和出口碳关税大小及 GVC 参与度等共同决定的。由于不同国家碳关税征税标准的多样性,本书只考虑规模效应、结构效应、技术效应及 GVC 效应对贸易隐含碳排放的影响,并重点分析 GVC 参与度对贸易隐含碳的动态影响。

3.4 GVC 分工影响贸易隐含碳网络的机制

GVC 分工通过碳转移效应、碳锁定效应及碳抑制效应等对贸易隐含碳网络产生影响,而其影响最终的总效应取决于三种效应的交互作用。

3.4.1 碳转移效应

GVC 分工下的碳排放转移是产业转移和产品内贸易的结果,国际分工的复杂化和网络化带来了碳排放空间的复杂化和网络化。

GVC 分工下的国际产业转移是不同国家和地区的各类产业要素在空间上的重新配置,其结果是改变了碳排放在全球的空间格局。传统的全球产业分工体系中,落后和欠发达经济体主要出口原材料和农产品,进口工业制成品。而 GVC 分工背景下,传统的国际分工格局出现了深刻变革,制造业重心逐步从美、英等发达国家转移到拉美和亚洲等地的发展中国家(地区)。尤其是第四次国际产业转移中伴随着产品内贸易深化,全球外包、海外组装、海外外包、转包兴起,直接推动了产业在全球分工的深度化、复杂化和网络化。如果一国专业化加工生产高碳环节的中间产品,则会扩大出口隐含碳排放规模;相反,如果专业化加工生产低碳环节的中间产品,则会缩小出口隐含碳排放规模。从当前国际分工情况看,由于是发达国家的跨国企业主导 GVC 分工,因此发达国家一般将产品生产的低碳生产环节(如研发设计、品牌营销等高附加值环节)留在国内,而将高碳环节的加工生产转移到发展中国家,从而减少自身出口隐含碳而扩大发展中国家出口隐含碳排放规模。新兴经济体和发展中国家以廉价劳动力和资源禀赋优势承接加工生产环节的转移,就会成为发达国家污染产业转移的目的地。从短期看,发展中国家和新兴经济体在承接国际产业转移过程中得益于外商直接投资(foreign direct investment,FDI)的技术溢出与扩散,扩大产品出口,增加就业,从而刺激经济增长。但从长期看,由于西方发达国家的跨国企业主导全球生产进程,发展中国家存在被动服从 GVC 分工的局面,只能从中获得微薄的附加值。并且,由于发展中国家嵌入的环节往往附加值低,缺乏核心技术,因而处于依附地位,增值能力弱成为转型升级的障碍,因此难以摆脱发达国家跨国公司的钳制,近乎是被发达国家动态捕获跟踪的过程(王岚和李宏艳,2015),其结果最终会导致转移国(发达或先进工业化国家)产业高级化及能耗强度降低,而承接国(新兴经济体和发展中国家)能耗强度不断升高。

GVC 分工背景下的产品内贸易是碳排放转移的重要渠道。伴随产品内分工深化和产品内贸易深入发展,传统的产业间分工进一步发展为生产环节的分工,每个国家专业化生产特定的产品,意味着发展中国家和新兴经济体在嵌入 GVC 时,更有可能被分工在承担污染密集型的生产环节,出口污染密集型的产品。通过贸易的形式,这些承担污染密集工序、区段的国家或地区就为别国或地区的需求而进行碳排放。已有研究已经证明,碳排放空间转移与商品和服务的区际贸易走向基本一致(石敏俊等,2013)。与此同时,产品内贸易的发展进一步通过贸易的结构效应、规模效应和技术效应改变区域碳排放强度和规模,从而改变国际碳转移的流量,这一过程如图 3-2 所示。

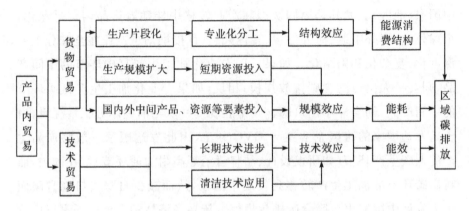

图 3-2　产品内贸易下的碳排放转移路径

3.4.2　碳抑制效应

GVC 嵌入对隐含碳排放的抑制效应表现在一国或地区融入 GVC 分工可能会降低该国或地区的隐含碳排放强度。这一作用主要通过提升技术创新水平来获得。参与 GVC 分工有利于本国技术进步的主要原因有以下四个方面。第一,GVC 分工的技术转移效应。根据"环境收益假说",GVC 的分离和整合使得原本不熟悉国际市场运作的本土企业迅速融入全球分工生产体系,不仅为参与国带来了先进的生产技术和管理经验,也能更加熟悉国际环境标准及国外消费者的环境偏好,进而有助于被参与国改进、提升自身的生产技术水平,并改善环境管理和提高环境标准。第二,GVC 分工的知识和技术溢出效应。新兴经济体和发展中国家可以通过外商直接投资、对外直接投资或进口发达国家的原材料和中间产品,利用模仿、学习和二次创新提升企业的清洁技术和低碳技术水平,从而缩小出口隐含碳规模。第三,GVC 分工的竞争效应。全球价值链中同类型企业的竞争会迫使或倒逼企业加大研发投入,提升自身研发能力。第四,GVC 分工的收入效应。根据 Grossman 和 Kruger(1991)及 Antweiler(2003)的研究,伴随人们收入水平的提高,对清洁产品的需求会增加,也会促使企业开发使用清洁生产技术进而缩小碳排放和贸易隐含碳规模。

3.4.3　碳锁定效应

"碳锁定"指由于规模报酬递增驱使的技术和制度导致的经济发展被锁定在以化石燃料为基础的碳密集能源系统中的现象(Unruh,2000)。这种被称为"碳锁定"的状况往往会造成持续的市场和政策失败,从而抑制碳节约技术的传播,其引起的大量二氧化碳排放是气候变化的主要原因。学者们普遍认为碳基技术是产生碳锁定的直接原因,同时社会生产中围绕碳基技术形成的制度体系会进一步加强碳锁定形式。本书认为GVC 分工深化背景下形成的相关制度体系和技术锁定会进一步强化参与国的"碳锁定"状态。

在 GVC 分工背景下发展中国家的高碳锁定[①]可能长期持续。首先从技术上看,一方面,发展中国家普遍存在关键技术匮乏、重要部件依赖进口的短板;另一方面,中低技术产品企业又能在短期内以较低成本使用进口中间品,形成了对进口中间品的依赖。例如,中国的集成电路制造集中在工艺水平要求最低的末端封装测试环节,而门槛较高的上游化学材料及半导体制造设备甚至化学品容器都严重依赖从韩国进口。这些问题都会导致企业降低自主研发创新的投入,阻碍了本国企业自主吸收和使用高技术中间品。因此,后进国家更容易遭受发达国家的"俘获"(王玉燕和林汉川,2015)[②],在嵌入全球价值链时很容易遭受技术上的"低端锁定"[③],甚至生产环节的"高碳锁定"。由于能源结构变化的时滞性和产业

---

① "高碳锁定"是指发展中国家工业化过程中建成的生产设施具备资本密集度高、排放强度大、使用寿命长等特点,一旦装备了低效率、高排放的技术,其高排放的特性将在很长时间内被锁定,否则将导致巨大的重置成本。

② 美国杜克大学的格里芬教授最早提出了全球价值链治理的五种模式,其中在发展中国家与发达国家之间最典型的就是"俘获型"模式。当发展中国家被动融入发达国家跨国公司主导的价值链分工体系初期,发达国家为实现全球最优资源配置,除了利用发展中国家的劳动力成本和基础设施优势外,也会主动输出一定的技术和标准,以帮助发展中国家更快地适应价值链分工的需要。但是,当发展中国家逐渐开始从价值链低端向高端攀升时,便会遭到跨国公司或大购买商的"俘获",它们不仅会利用市场势力和先进技术对发展中国家的价值链攀升实行阻截,还会通过其垄断地位建立不对称的价值链治理方式,控制当地企业的专用资产以限制其自主研发,从而牢牢将企业困在微利化的价值链低端,使在技术层面"弯道超车"无法成为可能。

③ 据吕越等(2018)的研究,不论是从企业自主研发意愿还是研发强度的角度看,全球价值链对企业研发创新都具有显著的抑制作用,其原因是技术外溢的过度依赖、企业的吸收能力不足及发达国家的"俘获效应"。

结构中的碳锁定效应,通过能源结构和产业结构调整在短时期内难以在较大程度上促进碳减排(刘佳骏等,2013)。并且由于发展中国家长期扮演获利甚微的代工角色(刘斌等,2016),可能因为无力承担环境技术研发成本和采用新的环境技术,从而使得技术效应对贸易隐含碳排放的影响不明显甚至存在负影响。尤其是在产业碳锁定进入深度碳锁定阶段时,高碳产业形成规模经济,为了自身长期发展,其技术需求也演变为高碳技术需求,引进的技术和自主创新的能源技术都具备支撑高碳排放的碳基技术占据主导地位的特征,而将其他清洁能源技术排挤出主流市场。受规模效应、学习效应、协调效应及适应性预期的影响,高碳技术由于报酬递增而产生了较强的自我强化机制,进一步得到发展和成熟,技术锁定进一步加深。

从制度角度看,发达国家跨国公司掌控国际机构,制定有利于自身的国际经济秩序。尽管发展中国家的本土企业可以在 GVC 体系或网络中实现由工艺创新到产品创新的升级,但一旦其进入更高级的价值链升级进程,或者需要通过打造自主创新能力来继续推进功能创新升级或链条创新升级,就会受到发达国家的控制和阻击,从而将发展中国家锁定在高碳环节。这是因为跨国企业在 GVC 中的分工地位越高,其收获的附加价值越高,为了维护其在 GVC 中更多的分工价值,防止核心竞争优势被其他企业获得、模仿和削弱,它们会极力维护其对机制的主导地位,会极力维护 GVC 中已经形成的组织间关系网络和全球化生产体系,可能对发展中国家实施严格的技术转移门槛乃至技术封锁,或者强化知识产权保护制度、实施行业技术标准及专利丛林策略,迫使发展中国家企业被锁定在高碳环节。当前美国的"先进制造业"战略、德国的"工业 4.0"战略、英国的"高价值制造"战略、法国的"新工业法国"战略等的提出,其主要目的也正是在谋求或巩固在 GVC 中的链主地位。当前的全球贸易机制源于西方国家,是其国内经济政策理念向全球延伸的产物,所以西方国家的国内经济体系更适应这一国际机制及其价值和法律基础,具有先发优势和主导地位带来的特权,因此,发展中国家和新兴经济体在传统体制中的地位受制于发达国家。

碳锁定效应形成的结果首先是被锁定的国家和地区会重点发展高碳

产业或者高碳生产环节,形成了以资源产业、高能耗产业为主导产业(支柱产业)的产业结构,出口中形成高碳产品密集的特征,其结果是导致劳动力、资本等生产要素大量转移到高碳产业和高碳生产环节,导致清洁产业萎缩。例如,20 世纪 60 年代以来,许多资源丰裕的国家如荷兰、尼日利亚、俄罗斯、哥伦比亚等出现了"反工业化"的现象,制造业受到负面影响,资源产业锁定了大量的经济要素,其他产业的健康发展受到阻碍,严重影响了经济结构。1993 年,Auty 就此提出了"资源诅咒"(resource curse)[①]假说。对于资源型区域来说,"资源诅咒"主要会带来"荷兰病效应"[②]。然而,一旦某个国家或地区形成了基于能源资源禀赋的分工地位,就可能因为路径依赖而被长期锁定。

总的来说,GVC 嵌入能促进知识和技术溢出等降低出口隐含碳排放,但只有 GVC 分工地位提升到足以摆脱碳锁定效应,其才能显著降低出口隐含碳排放。反之,则会被锁定在价值链低端环节,不利于减排。

3.5　研究假设

目前 GVC 分工位置、程度对贸易隐含碳网络节点中心性的作用机制及具体作用方向尚不清楚,相关研究比较薄弱。本书提出以下理论假设,试图论证 GVC 分工位置、程度对贸易隐含碳网络节点中心性的作用机制。

假设 1:GVC 分工和制造业贸易隐含碳网络具有相关性。参与 GVC 分工刺激了国际产业转移和贸易联系,扩大了进出口贸易规模,影响了制

---

① "资源诅咒"即从长期的经济增长状况来看,自然资源丰裕、经济中资源型产品占据主导地位的国家(或地区)反而要比那些自然资源贫乏国家(或地区)的增长要低很多,尽管自然资源丰裕的国家可能会由于资源价格的上涨而实现短期的经济增长,但最终又会陷入停滞状态。

② "荷兰病"一词最早于 1977 年在《经济学人》杂志中使用,描述了荷兰在 1970—1979 年出现的经济现象。当时荷兰拥有丰裕的石油和天然气资源,随着资源大量开采,出口量剧增。同时出口收入的增加导致实际汇率过度上升,从而降低了农业、制造业的国际竞争力,进而影响了荷兰的国民经济结构。后来,"荷兰病"这一术语被广泛使用,并由科学家们用来描述类似的现象。1982 年,W. 马克斯·科登(W. Max Corden)和 J. 彼得·尼里(J. Peter Neary)对荷兰病理论进行了描述。其基本假设是,小国自然资源部门的繁荣会导致实际汇率升值,而这又会导致去工业化和失业。

造业贸易隐含碳网络中碳流的大小和流向。GVC 嵌入可能会产生技术和管理溢出,而技术和管理溢出又会促使提高生产技术和减排技术水平,进而有利于减少隐含碳排放,但当发展中国家参与 GVC 分工达到一定程度时,会遭受发达国家的封锁,封锁导致技术进步的停滞,形成碳锁定。因此,GVC 嵌入与制造业隐含碳网络演化路径呈倒 U 形。隐含碳流会在 GVC 链条中处于不同地位的节点间流动。

假设 2:GVC 分工倾向于强化各节点国在隐含碳网络上的不对称性。GVC 分工格局影响各节点在网络中的地位,由于路径依赖效应的存在,节点会较长时间被"锁定"在网络的相对位置,从而通过嵌入地位影响网络流量和节点中心性。中心性较高的节点随着嵌入 GVC 程度的加深,锁定效应逐渐增强,更不利于其脱离"国际分工陷阱"。

假设 3:不同嵌入方式对隐含碳节点的影响存在差异。GVC 分工对节点中心性的影响取决于碳排放抑制效应和碳锁定效应的综合作用。不同国家在网络中的表现具有异质性,虽然有些国家全球价值链嵌入程度较高,却无法在网络中具备控制核心资源的能力,因此节点 GVC 参与度对其在制造业隐含碳网络中心性的影响取决于是哪种分工模式在起主要作用。一般而言,节点 GVC 上游参与度越高,也意味着该节点的价值链分工地位越高,技术水平越高,碳抑制效应越明显,提升 GVC 上游参与度将降低该节点隐含碳排放强度,相应地,其节点中心性也会降低。节点 GVC 下游参与度越高,意味着节点的价值链分工地位越低,可能受到的碳锁定效应越明显,因此后向嵌入方式对节点中心性的影响不如前向参与方式明显。

第4章 国际制造业碳转移现状

与传统的国际分工模式相比,GVC背景下的国际分工具有"产品内分工"和"价值链分工"的新型特征。GVC背景下,基于产品内分工的产业转移和各环节间的产品内贸易广泛存在。一个国家与交易国的贸易额往往包含其他国家的转移价值,存在中间品和最终品的重复进出口行为。传统国际贸易统计无法解决由于国际生产分工及产品(特别是中间产品)在国家间多次跨境贸易带来的重复计算问题,例如中国大量海外生产外包(尹伟华,2018;李跟强和潘文卿,2016;Koopman et al.,2014)。而基于多区域投入产出模型的贸易隐含增加值核算可基于产品的最终消费自下而上地追溯增加值的来源,避免了重复计算问题。因此本书中构建的贸易隐含碳网络中的隐含碳为出口增加值中的隐含碳,用以真实反映各国为出口而在国内生产的碳排放量。

本书中贸易隐含碳排放规模数据来自经合组织(OECD)的STAN数据库,根据数据可得情况,选取62个国家为样本(见附录1),这62个经济体包括了所有OECD国家、EU和G20的所有国家,以及多数东亚和东南亚国家,2018年这62个国家的出口总值及GDP合计占世界的份额都在95%左右,基本可以代表全球情况。研究时间段为2005—2018年。借鉴闫云凤和赵忠秀(2014)、潘安和戴岭(2020)按发达国家和新兴市场国家进行地区分类的思路,基于数据可得性,以G7国家作为传统发达经济体的典型代表,部分金砖国家和新钻国家则代表新兴经济体,具体如表4-1所示。

表 4-1 典型国家

发达国家	新兴经济体
美国	中国
德国	俄罗斯
英国	印度
法国	巴西
意大利	南非
日本	韩国
加拿大	墨西哥
	土耳其
	印度尼西亚

OECD 数据库中的贸易隐含碳测度采用了基于消费的隐含碳测度方法。其基本思想是一国总体的碳排放包括满足国内消费需求的碳排放和满足国外消费需求(出口)的碳排放。其中,满足国内需求的碳排放＝国内需求引致的国内生产碳排放＋国内需求引致的国外产品进口产生的碳排放;满足国外消费需求(出口)的碳排放＝出口引致的国内生产产生的碳排放＋出口引致的国外进口产品产生的碳排放。

4.1 全球贸易隐含碳排放概况

2018 年,样本国家基于消费的碳排放(carbon dioxide emissions embodied in domestic final demand)总量达到 33635.3 Mt(百万吨),较 2005 年增长了 24.2%,较 1995 年增长了 57.4%。基于消费的碳排放排名靠前的国家分别为中国(9020.349 Mt)、美国(5740.728 Mt)、印度(2214.301 Mt)、日本(1312.006 Mt)、俄罗斯(1282.695 Mt)和德国(867.607 Mt)。基于生产的碳排放排名靠前的国家分别是中国(9915.8 Mt)、美国(4988.6 Mt)、印度(2320.4 Mt)、俄罗斯(1626.2 Mt)、日本(1151.4 Mt)和德国(738.9 Mt)。基于生产的碳排放大国和基于消费的碳排放大国整体契合。

从发展趋势看,从 2005 年到 2018 年,发达经济体和新兴经济体之间存在巨大差异。发达经济体除了加拿大以外,不管是基于生产的碳排放还是消费的碳排放规模都呈现下降趋势,而新兴经济体刚好相反(典型国家情况对比见表 4-2)。如美国基于生产的碳排放规模下降 14.5%,基于消费的碳排放规模下降 14.8%。同期中国基于生产的碳排放规模和基于消费的碳排放规模分别增长了 81.0% 和 111.7%。此外,发达经济体和新兴经济体在基于生产的碳排放和基于消费的碳排放二者之间的差额方面也存在巨大差异。除了加拿大,主要发达经济体基于消费的碳排放量远高于其基于生产的国内碳排放量。尤其是美国,其 2018 年基于生产的碳排放与基于消费的碳排放的差额达 −752.1 Mt,占所有发达国家的 50% 左右。新兴经济体除了巴西、墨西哥和印度尼西亚,基于生产的碳排放规模要远高于基于消费的碳排放。

表 4-2　典型国家生产碳排放和消费碳排放情况比较

单位:Mt

国家	年份	2005			2018		
	指标	消费碳排放	生产碳排放	差额	消费碳排放	生产碳排放	差额
发达国家	美国	6742.1	5833.6	−908.5	5740.7	4988.6	−752.1
	德国	940.2	814.1	−126.1	867.6	738.9	−128.7
	英国	737.4	569.1	−168.3	525.5	401.8	−123.7
	法国	536.2	385.4	−150.8	443.7	332.1	−111.6
	意大利	584.5	466.7	−117.8	424.9	344.8	−80.1
	日本	1502.0	1220.8	−281.2	1312.0	1151.4	−160.6
	加拿大	539.8	555.4	15.6	535.8	588.9	53.1
新兴经济体	中国	4261.0	5478.1	1217.1	9020.3	9915.8	895.5
	俄罗斯	1099.2	1495.8	396.6	1282.7	1626.2	343.5
	印度	1021.7	1081.1	59.4	2214.3	2320.4	106.1
	巴西	312.8	321.1	8.3	436.9	418.8	−18.1
	韩国	546.9	509.6	−37.3	593.7	648.1	54.4
	墨西哥	449.4	423.6	−25.8	434.6	429.5	−5.1
	土耳其	281.6	227.1	−54.5	388.6	397.9	9.3
	印度尼西亚	304.4	343.7	39.3	584.4	560.8	−23.6

数据来源:OECD STAN 数据库。

2018 年,所有样本国家出口隐含碳(特指出口增加值隐含碳,domestic CO_2 emissions embodied in gross exports)排放规模达 6527.4 Mt,较 2005 年的 5243.9 Mt 上涨了 24.5%。以典型国家为例,G7 国家、金砖国家和新钻国家中多数为出口隐含碳大国。2018 年,出口隐含碳最多的国家分别是中国(1758.5 Mt)、美国(487.6 Mt)、俄罗斯(483.3 Mt)、印度

(426.1 Mt)、韩国(243.9 Mt)、德国(235.9 Mt)、加拿大(220.1 Mt)、日本(203.1 Mt)和南非(160.5 Mt)(见表4-3)。从变化趋势看,2005年到2018年间,G7国家的出口隐含碳规模尽管在个别年份出现过小幅波动,但整体呈现缓慢下降趋势。金砖国家(除俄罗斯)和新钻国家(除印度尼西亚)的出口隐含碳则整体呈上升趋势,是世界出口隐含碳排放规模持续上涨的主要原因。其中增长最快的是印度,年均增幅达到6.48%,其次是土耳其、韩国、墨西哥、中国和巴西,分别为4.94%、3.45%、2.94%、2.78%和2.03%。中国出口隐含碳排放规模一直位居第一。

利用2005年和2018年国家间隐含碳排放数据,首先运用Gephi软件绘制了这两个年份全球62个样本国家(地区)间贸易隐含碳排放示意图,如图4-1和图4-2所示。两张图中网络节点和节点标签大小表示入度大小,边宽度大小表示贸易隐含碳转移规模大小。由图4-1可见,2005年,美国是全球碳转移排放的最主要转出国,其他G7国家也具有重要地位。而到了2018年,除了G7国家外,金砖国家和新钻国家也成为贸易隐含碳转移网络中的重要节点。

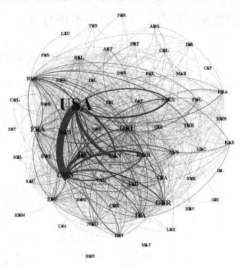

图4-1   2005年国际贸易隐含碳网络图

数据来源:OECD STAN数据库。

注:(1)国家(地区)名采用国际标准化组织国家编码标准;(2)图中标签大小代表该国(地区)碳转移加权度大小,边的粗细代表碳转移流量大小,仅保留权重大于1的边。

进一步地,为了直观展示国家(地区)间不同行业隐含碳转移关系,本书运用Gephi软件绘制了2018年农业、制造业和服务业国际贸易隐含碳转移网络图,分别见图4-3、图4-4及图4-5。

表4-3 典型国家出口隐含碳排放规模变化

单位:Mt

国家		年份												
		1995	1997	1999	2001	2003	2005	2007	2009	2011	2013	2015	2017	2018
发达国家	美国	483.1	542.1	514.3	507.8	410.5	468.0	517.2	434.4	550.3	551.8	506.5	476.0	487.6
	德国	161.5	171.6	170.6	199.3	207.2	225.4	258.7	205.1	248.6	244.9	260.9	245.0	235.9
	英国	112.0	112.3	110.0	117.6	121.5	130.3	128.7	112.1	115.3	108.4	99.9	93.4	93.4
	法国	99.0	109.4	100.4	104.6	100.6	104.5	109.0	88.5	99.4	99.9	90.4	92.5	99.2
	意大利	81.4	82.1	80.0	83.2	84.7	92.1	97.5	76.2	94.8	84.7	82.5	83.9	84.1
	日本	117.0	139.8	130.8	143.7	162.5	182.6	202.4	163.6	213.4	228.2	231.8	210.2	203.1
	加拿大	153.9	174.8	188.8	202.8	194.6	202.1	204.3	174.5	182.6	192.6	206.8	209.1	220.1
新兴经济体	中国	424.1	474.6	479.4	567.0	907.0	1572.7	1828.4	1495.2	1845.6	1855.3	1766.0	1746.6	1758.5
	俄罗斯	601.7	405.8	699.5	608.5	573.5	557.2	511.8	479.2	531.2	494.5	507.8	446.1	483.3
	印度	80.3	88.4	102.1	112.4	130.6	179.8	228.0	265.8	346.4	396.0	398.5	405.1	426.1
	巴西	36.5	34.6	44.9	57.5	71.3	76.7	75.8	58.6	69.6	75.4	95.3	90.1	94.9
	韩国	144.5	173.1	181.1	184.6	174.7	157.8	163.5	191.3	238.4	246.0	247.4	240.1	243.9
	墨西哥	47.3	50.5	51.1	51.8	66.9	76.0	82.2	84.4	100.3	117.6	124.1	128.2	126.4
	土耳其	26.2	36.7	33.8	47.1	44.5	45.8	53.6	62.2	58.6	64.4	83.3	96.1	103.8
	印度尼西亚	60.6	61.9	77.7	84.3	91.6	101.1	102.0	87.6	113.3	82.4	95.2	91.7	103.9

数据来源:OECD STAN 数据库。

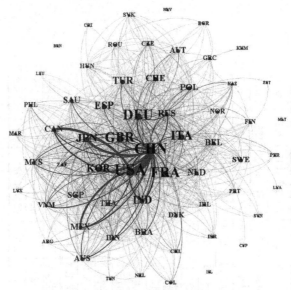

图 4-2　2018 年国际贸易隐含碳网络图

数据来源:OECD STAN 数据库。

注:(1)国家名采用国际标准化组织国家编码标准;(2)图中标签大小代表该国碳转移加权度大小,边的粗细代表碳转移流量大小,仅保留权重大于 1 的边。

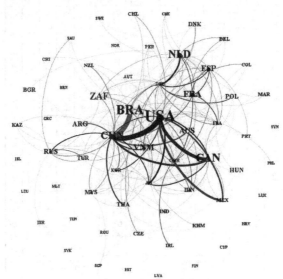

图 4-3　2018 年世界农业贸易隐含碳网络图

数据来源:OECD STAN 数据库。

注:(1)国家名采用国际标准化组织国家编码标准;(2)图中标签大小代表该国碳转移加权度大小,边的粗细代表碳转移流量大小,仅保留权重大于 1 的边。

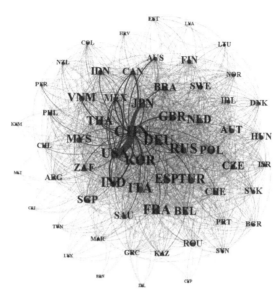

图 4-4　2018 年世界制造业隐含碳网络图

数据来源：OECD STAN 数据库。

注：(1)国家名采用国际标准化组织国家编码标准；(2)图中标签大小代表该国碳转移加权度大小，边的粗细代表碳转移流量大小，仅保留权重大于 1 的边。

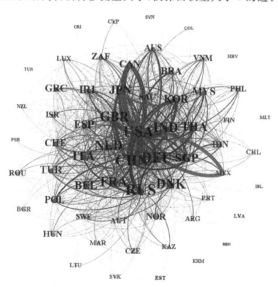

图 4-5　2018 年世界服务业隐含碳网络图

数据来源：OECD STAN 数据库。

注：(1)国家名采用国际标准化组织国家编码标准；(2)图中标签大小代表该国碳转移加权度大小，边的粗细代表碳转移流量大小，仅保留权重大于 1 的边。

图 4-1 至图 4-5 中节点从大到小及颜色从深到浅表示加权出度由大到小,线条粗度表示边权重大小。可以看出,农业国际隐含碳转移规模相对较小,国际制造业隐含碳网络更为复杂。2015 年,制造业隐含碳网络的边为 3530 条,平均加权度为 77.861。

4.2　全球制造业出口隐含碳排放规模

制造业是全球隐含碳转移最主要的行业。2018 年,62 个样本国家制造业出口隐含碳为 2437.3 Mt,占到样本国家总出口隐含碳的 66.1%。其中,中国是世界上隐含碳出口规模最大的国家,1995 年制造业出口隐含碳占比 74.4%,到 2018 年上升为 86.8%。尽管美国是世界上进口隐含碳规模最大的国家,但其在出口中,制造业出口隐含碳也占到所有行业出口隐含碳总量的六成以上。

表 4-4 显示了 2018 年全球制造业出口隐含碳排放规模最大的 20 个国家和地区。表中的占比表示该国制造业增加值出口隐含碳占全部行业增加值出口隐含碳的比例。从表 4-4 中可见,新兴经济体和部分发达国家制造业出口隐含碳排放规模普遍较大。新兴经济体国家中,中国(1527.2 Mt)、印度(318.4 Mt)、俄罗斯(297.5 Mt)、韩国(188.7 Mt)、南非(97.6 Mt)、墨西哥(81.9 Mt)分别排名第 1、2、3、5、8、10 位,其中中国的排放规模比其余排名前 10 国家的总和还要大。发达国家中的美国(212.6 Mt)、日本(151.1 Mt)、德国(142.3 Mt)和加拿大(79.5 Mt)的排放规模也较大,排名第 4、6、7、12 位。另外,从表 4-4 中可以看出,尽管部分发达经济体制造业出口隐含碳绝对规模也较大,但在其国内的占比要远小于发展中国家和新兴经济体。例如,中国和印度的这一比例分别为 86.8% 和 74.7%,而美国和德国分别为 43.6% 和 60.3%,这可能也是其出口隐含碳排放规模出现下降态势的原因之一。国际贸易商品结构的适度调整对一国贸易隐含碳排放规模降低具有积极意义。

表 4-4 2018 年世界各国制造业出口隐含碳排放规模

排序	国家	规模/Mt	占比/%	排序	国家	规模/Mt	占比/%
1	中国	1527.2	86.8	11	加拿大	79.5	36.1
2	印度	318.4	74.7	12	马来西亚	71.4	69.5
3	俄罗斯	297.5	61.6	13	泰国	69.7	56.2
4	美国	212.6	43.6	14	印度尼西亚	59.5	57.3
5	韩国	188.7	77.4	15	土耳其	58.4	56.3
6	日本	151.1	74.4	16	沙特阿拉伯	54.5	62.6
7	德国	142.3	60.3	17	巴西	53.4	56.3
8	南非	97.6	60.8	18	意大利	51.3	61.0
9	越南	82.8	68.4	19	波兰	51.0	56.6
10	墨西哥	81.9	64.8	20	法国	50.8	51.2

数据来源:OECD STAN 数据库。

4.3 全球制造业出口隐含碳排放强度

尽管新兴经济体和发达经济体制造业出口隐含碳排放规模普遍较大,但在出口隐含碳排放强度上存在巨大差异。本书计算了 2018 年各国制造业出口隐含碳排放强度,其中排名前 20 的结果如表 4-5 所示。由表 4-5 可见,制造业出口隐含碳排放强度高的国家主要是发展中国家和新兴经济体。其中,中国 2018 年的出口隐含碳排放强度达到 855.8(此处单位为吨/百万美元),仅次于南非、哈萨克斯坦、俄罗斯、印度、沙特阿拉伯和文莱,排名第 7 位,约为美国(310.1)、英国(254.7)、意大利(267.1)、法国(250.3)的 3 倍。出口隐含碳排放强度最高的前 20 个国家中,仅澳大利亚一个发达经济体,且排名比较靠后(第 11 位),且其排放强度绝对值与排名前 6 位的国家差距巨大。因此,将发展中国家或新兴经济体出口隐含碳排放规模大简单归结为出口规模的快速扩张并不科学,隐含碳排放强度高也是其中重要的原因之一。这组数据也一定程度上表明,当前发展中国家和新兴经济体制造业参与 GVC 分工,更多从事的是高碳行业或高碳环节的生产和出口,但产品附加值却相对较低。

表 4-5 2018 年世界各国制造业出口隐含碳排放强度

排序	国家	排放强度/ （吨·百万美元$^{-1}$）	排序	国家	排放强度/ （吨·百万美元$^{-1}$）
1	南非	2,340.6	11	澳大利亚	672.6
2	俄罗斯	1,534.9	12	突尼斯	642.2
3	哈萨克斯坦	1,520.4	13	希腊	634.3
4	印度	1,237.7	14	土耳其	625.8
5	沙特阿拉伯	1,078.5	15	印度尼西亚	620.4
6	文莱	903.8	16	泰国	600.3
7	中国	855.8	17	老挝	598.5
8	越南	850.7	18	巴西	562.0
9	保加利亚	742.3	19	哥伦比亚	525.0
10	马来西亚	730.8	20	韩国	504.8

数据来源：原始数据贸易隐含碳来自 OECD STAN 数据库，出口数据来自 OECD Ti-VA 数据库，本书根据出口隐含碳排放强度公式计算。

为了更好地揭示制造业出口隐含碳排放强度变化趋势，本书计算了典型国家 1995—2018 年的制造业出口隐含碳排放强度，结果见表 4-6。总体来看，从 1995 年到 2018 年，发展中国家和新兴经济体制造业出口隐含碳排放强度整体远高于发达经济体的状态没有发生实质性变化，发展中国家和新兴经济体从事的是高碳行业或高碳环节的生产和出口呈现出一定的锁定状态。值得一提的是，考察期内所有国家的制造业出口隐含碳排放强度都在下降。其中俄罗斯年均降幅 7.38%，中国年均降幅 6.69%，下降最快，以下分别是沙特阿拉伯（4.07%）、英国（3.97%）、美国（3.86%）、意大利（3.42%）、德国（3.12%）。排放强度最高的南非年均降幅为 1.42%。整体上看，此轮出口隐含碳排放强度下降是一种全球的普遍现象，可能是生产技术水平整体提升或者是环境保护意识普遍提升的结果。从变化趋势看，多数国家出口隐含碳排放强度下降速度都有所放缓，反映出在现有碳基技术基础上，未来各国减排的难度都将变得越来越大。此外，相比发达国家，制造业出口隐含碳排放强度下降趋势在部分新兴经济体国家并不十分稳定，其中最典型的是金砖国家中的南非和俄罗斯，该两国均在 2000 年左右达到峰值后大幅下降，但在 2014 年前后又有反弹。这种不稳定增加了全球减排目标实现的不确定性。

表 4-6 典型国家制造业出口隐含碳排放强度变化

单位:吨/百万美元

国家		年份												
---	---	1995	1997	1999	2001	2003	2005	2007	2009	2011	2013	2015	2017	2018
发达国家	加拿大	946	938	893	862	797	662	589	602	504	493	537	514	495
	法国	449	468	439	490	390	355	313	247	263	252	257	248	250
	德国	526	545	540	599	473	418	367	312	303	281	306	282	262
	意大利	574	529	547	584	477	433	381	306	317	283	317	284	267
	日本	356	428	413	485	479	449	448	402	390	440	467	389	379
	英国	621	564	549	600	521	453	412	411	347	329	279	270	255
	美国	735	707	719	720	569	529	472	420	409	379	358	326	310
	巴西	718	686	984	1109	1115	723	550	452	381	416	607	517	562
新兴经济体	中国	3926	3048	2748	2495	2443	2529	1879	1536	1208	1051	964	921	856
	印度	2449	2487	2659	2524	2103	1755	1463	1597	1218	1252	1443	1318	1238
	印度尼西亚	1169	1134	1737	1744	1593	1415	1171	898	769	541	665	565	620
	韩国	931	1033	1096	1155	969	803	676	734	622	578	585	526	505
	俄罗斯	8290	5452	11225	7448	5330	2975	1932	2211	1490	1369	2073	1749	1535
	沙特阿拉伯	2692	2411	2734	2485	2507	1573	1395	1291	923	956	1375	1253	1078
	土耳其	823	919	1041	1400	1094	758	653	683	545	496	601	626	626
	南非	3203	3503	4099	6593	4628	3313	2856	2667	2497	2918	2920	2706	2341

数据来源:原始数据贸易隐含碳来自 OECD STAN 数据库,出口数据来自 OECD TiVA 数据库,本书根据出口隐含碳排放强度公式计算。

4.4 全球制造业出口比较隐含碳指数

进出口隐含碳排放规模虽然可以衡量各行业贸易隐含碳排放的绝对贡献,但是如果某两个行业的隐含碳排放相当,但其创造的出口增加值大小差异很大,那么对于这两个行业的隐含碳排放就需要区别对待。因此,分析各行业的出口隐含碳排放的相对贡献水平具有重要意义。借鉴Balassa(1965)提出的显示性比较优势指数思想,本书构建了出口比较隐含碳指数(index of export comparative embodied carbon,ECEC)来衡量不同国家各行业单位隐含碳创造的国内增加值相对水平,其计算公式为:

$$\text{ECEC}_i = \frac{x_i^t C_i^t}{x_t C_t} \tag{4-1}$$

式中 ECEC_i 表示行业 i 的出口比较隐含碳指数,x_i^t 和 C_i^t 分别表示一国 t 年行业 i 的出口增加值和出口隐含碳排放量,x_t 和 C_t 分别表示 t 年全球行业 i 的出口增加值和出口隐含碳排放量。当 $0 \leqslant \text{ECEC}_i < 1$ 时,表明一国 i 行业 1 个单位隐含碳出口创造的增加值小于世界平均水平;而当 $\text{ECEC}_i > 1$ 时,表明该国 i 行业单位隐含碳出口创造的增加值大于世界平均水平,该值越大表明该国该行业获利能力越强或环境成本越低。

本书计算了样本国家制造业的 ECEC 指数,出口隐含碳排放数据来自 OECD STAN 数据库,出口增加值数据来自 OECD-TiVA 数据库。各代码表示的行业如表 4-7 所示。

表 4-7　行业代码

代码	行业
D10T12	食品饮料和烟草制造业
D13T15	纺织服装和皮革制造业
D16T18	木制品、纸制品及印刷业
D19T23	化学及非金属矿物制品制造业
D24T25	金属及金属制品业
D26T27	计算机、光学及电气设备制造业
D28	机械设备制造业
D29T30	运输设备制造业
D31T33	其他制造业

表 4-8 和表 4-9 分别报告了 2005 年和 2018 年典型国家各行业的出口比较隐含碳指数。由这两个表可知,发达国家绝大多数制造业出口比较隐含碳指数大于 1,而新兴经济体情况刚好相反。这在一定程度上表明,当前发展中国家和新兴经济体制造业参与 GVC 分工,不但多数从事的是高碳行业或高碳环节的生产和出口,而且这些产品或环节的出口附加值还很低。分行业看,2018 年,除其他制造业外,双方差距最大的在计算机、光学及电气设备制造业,2018 年该行业 ECEC 指数最高的是法国(9.6),而同期的中国和南非,指数值均为 0.3。在发达国家内部,也有较大差异,整体上看,法国除了食品饮料和烟草制造业,木制品、纸制品及印刷业,金属及金属制品业外,其他行业 ECEC 指数均列第一位置。美国的食品饮料和烟草制造业和加拿大的化学及非金属矿物制品制造业也处于世界平均水平以下。在新兴经济体中,墨西哥整体表现较好,仅在化学及非金属矿物制品制造业、运输设备制造业和其他制造业方面低于世界平均水平。

表 4-8　2005 年典型国家制造业出口比较隐含碳指数

	国家	D10 T12	D13 T15	D16 T18	D19 T23	D24 T25	D26 T27	D28	D29 T30	D31 T33
发达国家	美国	0.7	1.9	0.9	1.4	2.0	3.5	1.4	1.2	3.1
	德国	2.7	4.5	2.0	3.3	2.6	5.0	3.1	2.0	8.4
	英国	2.3	3.8	2.7	2.6	1.8	3.5	2.3	1.6	4.5
	法国	2.5	8.1	2.9	3.5	2.2	7.0	3.1	2.2	8.7
	意大利	1.5	4.6	2.2	1.9	3.4	3.0	1.8	1.6	6.9
	日本	2.8	4.3	2.3	2.1	1.8	3.7	1.8	1.7	3.5
	加拿大	1.0	3.0	1.1	0.8	1.8	4.1	2.3	1.8	2.6
新兴经济体	中国	0.2	0.4	0.2	0.2	0.3	0.2	0.1	0.1	0.2
	俄罗斯	0.4	1.0	0.4	0.4	0.5	0.4	0.3	0.2	0.6
	印度	0.6	1.0	0.5	0.4	0.3	0.3	0.2	0.2	0.4
	巴西	0.8	4.2	1.5	1.1	0.8	1.4	0.8	0.8	3.0
	韩国	0.8	2.3	0.8	1.2	1.4	2.8	0.9	0.8	2.2
	墨西哥	1.8	3.6	0.7	0.6	1.6	1.7	1.1	0.6	0.6
	土耳其	1.5	4.0	1.4	0.8	1.1	1.6	0.7	0.6	1.1
	印度尼西亚	1.1	0.7	0.9	0.4	1.6	0.4	0.4	0.5	0.3
	南非	0.5	1.6	0.4	0.7	0.2	1.0	0.4	0.3	0.5

数据来源:原始数据进出口贸易隐含碳来自 OECD STAN 数据库,出口增加值数据来自 OECD TiVA 数据库,根据式(4-1)计算。

表 4-9 2018 年典型国家制造业出口比较隐含碳指数

国家		D10 T12	D13 T15	D16 T18	D19 T23	D24 T25	D26 T27	D28	D29 T30	D31 T33
发达国家	美国	0.8	1.7	1.1	1.7	2.5	8.4	2.4	1.2	3.2
	德国	2.2	3.2	1.7	2.7	2.4	6.6	4.0	3.7	8.1
	英国	2.0	4.3	3.1	3.1	2.2	6.1	2.8	2.1	5.2
	法国	2.0	7.1	2.8	4.1	2.4	9.6	5.3	3.9	17.2
	意大利	1.3	4.4	2.3	2.1	4.0	4.2	3.0	2.6	7.5
	日本	1.8	2.7	1.3	1.5	1.4	2.5	2.0	1.4	1.8
	加拿大	1.0	1.6	1.0	0.7	1.6	4.7	3.3	1.6	2.5
新兴经济体	中国	0.5	0.7	0.4	0.3	0.4	0.3	0.2	0.2	0.5
	俄罗斯	0.3	0.9	0.3	0.4	0.5	0.5	0.3	0.2	0.4
	印度	0.4	0.7	0.6	0.5	0.2	0.4	0.2	0.2	0.2
	巴西	0.7	3.8	1.3	1.0	0.7	1.4	1.6	0.6	2.8
	韩国	0.7	1.9	0.8	1.0	1.0	2.7	1.1	0.7	1.1
	墨西哥	2.1	4.2	1.0	0.5	2.0	2.6	1.8	0.8	0.5
	土耳其	0.9	2.0	1.1	1.0	1.2	1.2	1.1	0.6	2.8
	印度尼西亚	1.2	0.7	0.7	0.5	1.2	1.1	0.2	0.7	0.4
	南非	0.4	0.5	0.5	0.4	0.1	0.3	0.3	0.1	0.3

数据来源:原始数据进出口贸易隐含碳来自 OECD STAN 数据库,出口增加值数据来自 OECD-TiVA 数据库,根据式(4-1)计算。

从变化趋势上看,从 2005 年到 2018 年,整体上发达国家和新兴经济体之间的差距在扩大(ECEC 均值的差距由 2 变为 2.4),这在计算机、光学及电气设备制造业中表现最为突出。其中,美国除了食品饮料和烟草制造业、纺织服装和皮革制造业有小幅下降,其他行业的 ECEC 指数均有所提升,尤其是计算机、光学及电气设备制造业提升幅度最大。新兴经济体中中国和墨西哥的情况改善较为明显,中国除了其他制造业外的所有行业 ECEC 指数均有较为明显的提升,但仍低于行业世界平均水平。墨西哥除了化学及非金属矿物制品制造业略有下降,其他行业的 ECEC 指数均有明显提升,且多数大于 1。印度、巴西、土耳其和印度尼西亚变化不大,而韩国、巴西和南非则趋于恶化。

4.5　制造业子行业贸易隐含碳流向

由于 GVC 分工背景下,国家间伴随贸易发生的隐含碳流向变得错综复杂,因此,本节主要分析世界上碳流规模靠前的国家和行业关系。表 4-10 显示了 2005 年、2010 年和 2018 年各细分行业中世界上规模最大的双边隐含碳流,可以看出,除了美加间的采矿业外,其余隐含碳流全部属于制造业。

在三个考察年份,占据世界制造业双边隐含碳流第一位的行业从金属及金属制品制造业转变为计算机、电子及光学产品制造业,其中最大的双边隐含碳流均发生在中国和美国之间,且总量呈现缓慢上升的趋势。此外,中国与日本、韩国和印度之间均出现过大规模的金属及金属制品制造业双边隐含碳流,中国都是隐含碳出口国。2018 年,计算机、电子及光学产品制造业在世界贸易双边隐含碳流 Top10 总量中排名第一位,总量达 104.5 Mt,主要发生在中国与美国、日本和韩国之间。总量排名第二的是化学及非金属制造业,双边隐含碳规模为 48.5 Mt。金属及金属制品制造业依然是隐含碳排放规模较大的行业,中美间该行业双边隐含碳流总量达 29.8 Mt,中韩间达 24.4 Mt,中越间达 22.1 Mt。

由上述数据分析可知,计算机、电子及光学产品制造业双边隐含碳流增长最快,未来仍有可能保持快速增长势头。金属及金属制品制造业依然是双边隐含碳流第一大产业。这两大行业应该成为未来气候谈判和国内节能减排关注的重点。事实上,很多发达经济体早已开始主动降低金属及金属制品制造业的生产和出口规模,如 1995 年经合组织对世界其他地区的金属出口额为 500 亿美元,进口额为 550 亿美元。然而到 2000 年,经合组织向世界其他地区出口下降至 400 亿美元,进口增加至 620 亿美元。中国是世界钢铁产量大国,中国钢材出口占国际市场份额逾两成。尽管最近几年,中国钢材产品出口规模有所减少(见图 4-6),但仍然保持在 6000 万吨以上。控制这类产品生产和出口规模并加快探索低碳技术的应用变得越来越迫切。

表 4-10　历年世界贸易双边隐含碳流 Top10

单位：Mt

序号	2005 年				2010 年				2018 年			
	起点	终点	产业	规模	起点	终点	产业	规模	起点	终点	产业	规模
1	中国	美国	金属及金属制品制造	125.9	中国	美国	金属及金属制品制造	134.7	中国	美国	计算机、电子及光学产品制造业	104.5
2	中国	美国	食品、饮料及烟草制造	70.8	中国	美国	木制品、纸制品及印刷	58.1	中国	美国	化学及非金属制造业	48.5
3	中国	美国	木制品、纸制品及印刷	69.6	中国	美国	食品、饮料及烟草制造	53.6	中国	日本	计算机、电子及光学产品制造业	34.8
4	中国	美国	化学及非金属制造业	55.2	中国	日本	金属及金属制品制造业	44.9	中国	美国	金属及金属制品制造业	29.8
5	加拿大	美国	金属及金属制品制造业	44.5	加拿大	美国	采矿业	42.6	中国	韩国	金属及金属制品制造业	24.4
6	中国	韩国	化学及非金属制造业	41.6	中国	美国	化学及非金属制造业	42.3	加拿大	美国	化学及非金属制造业	24.1
7	加拿大	美国	采矿业	38.3	中国	韩国	金属及金属制品制造业	37.7	中国	墨西哥	计算机、电子及光学产品制造业	24.1
8	中国	日本	食品、饮料及烟草制造业	33.2	中国	墨西哥	计算机、电子及光学产品制造业	33.8	中国	印度	化学及非金属制造业	22.3
9	中国	美国	机械设备制造业	32.4	中国	美国	机械设备制造业	33.4	中国	越南	金属及金属制品制造	22.1
10	加拿大	美国	化学及非金属制造业	32.0	中国	印度	金属及金属制品制造业	32.7	韩国	中国	计算机、电子及光学产品制造业	21.3

数据来源：OECD_STAN 数据库。

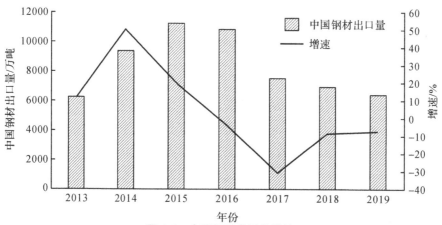

图 4-6　中国钢材出口及增速

数据来源:前瞻研究院。

　　如表 4-11 所示,2018 年,国际制造业隐含碳排放最高的国家依然是中国,这和前文出口隐含碳排放规模分析结论契合。此外,中美、中日和中韩的制造业隐含碳流占据全球制造业双边隐含碳流的前五位。

表 4-11　2018 年国家制造业双边隐含碳流 Top10

出口国	进口国	流量/Mt
中国	美国	318.7
加拿大	美国	179.6
中国	日本	130.8
中国	韩国	92.9
墨西哥	美国	86.3
中国	印度	85.6
印度	美国	85.2
美国	加拿大	73.6
韩国	中国	73.6
中国	德国	63.0

数据来源:OECD STAN 数据库。

4.6 本章小结

G7国家、金砖国家和新钻国家多数均为出口隐含碳大国。研究期内,世界贸易(出口增加值)隐含碳排放规模由2005年的5243.9 Mt上涨到2018年的6527.4 Mt,涨幅24.47%。从内部结构看,这一增长主要源于发展中国家和新兴经济体,主要发达经济体在此期间出口隐含碳排放规模均出现持续下降态势。

分行业情况看,制造业是全球隐含碳转移最主要的行业。新兴经济体和部分发达国家制造业增加值出口隐含碳排放规模普遍较大,新兴经济体国家中,中国(1527.2 Mt)、印度(318.4 Mt)、俄罗斯(297.5 Mt)、韩国(188.7 Mt)、南非(97.6 Mt)、墨西哥(81.9 Mt)分别排名第1、2、3、5、8、10位,其中,中国的排放规模比其余排名前10国家的总和还要大。发达国家中的美国(212.6 Mt)、日本(151.1 Mt)、德国(142.3 Mt)和加拿大(79.5 Mt)的排放规模也较大,排名第4、6、7、12位。此外,尽管部分发达经济体制造业增加值出口隐含碳绝对规模也较大,但在其国内的占比要远小于发展中国家和新兴经济体,可能是出口隐含碳排放规模出现持续下降态势的原因之一。

尽管新兴经济体和发达经济体制造业增加值出口隐含碳排放规模普遍较大,但二者在出口隐含碳排放强度上存在巨大差异。计算显示,2018年出口隐含碳排放强度排名靠前的主要是发展中国家和新兴经济体,发达国家仅澳大利亚一国进入前20(排名第11位)。因此,将发展中国家或新兴经济体出口隐含碳排放规模大简单归结为出口规模的快速扩张并不科学,隐含碳排放强度高也是其中的重要原因之一。这也在一定程度上表明,当前发展中国家和新兴经济体参与制造业 GVC 分工,更多从事的是高碳行业或高碳环节的生产和出口。从发展趋势看,从2005年到2018年,所有国家的制造业出口隐含碳排放强度都在下降,但发展中国家和新兴经济体制造业出口隐含碳排放强度整体远高于发达经济体的状态没有发生实质性变化,表明发展中国家和新兴经济体从事的是高碳行业或高碳环节的生产和出口存在一定的锁定现象。此外,相比发达国家,制造业出口隐含碳排放强度下降趋势在部分新兴经济体国家并不十分稳定,这种不稳定增加了全球减排目标实现的不确定性。

从制造业出口比较隐含碳指数情况看,发达国家绝大多数制造业出口比较隐含碳指数大于1,而新兴经济体情况刚好相反,反映出发达国家单位隐含碳创造的国内增加值相对水平较高或环境成本相对较低,同时还表明当前发展中国家和新兴经济体制造业参与GVC分工,不但多数从事的是高碳行业或高碳环节的生产和出口,并且这些产品或环节的出口附加值还很低。分行业看,除其他制造业外,双方差距最大的是在计算机、光学及电气设备制造业上。从变化趋势上看,整体上发达国家和新兴经济体之间的差距在扩大(ECEC均值的差距由2变为2.4),同样在计算机、光学及电气设备制造业中表现最为突出。新兴经济体中中国和墨西哥的情况改善较为明显,中国除了其他制造业外的所有行业ECEC指数均有较为明显的提升,但仍低于行业世界平均水平。墨西哥除了化学及非金属矿物制品制造业略有下降外,其他行业的ECEC指数均有明显提升,且多数大于1。印度、巴西、土耳其和印度尼西亚变化不大,而韩国、巴西和南非则趋于恶化。

从制造业子行业贸易隐含碳流向看,计算机、电子及光学产品制造业双边隐含碳流增长最快,未来很有可能成为碳流最高的制造业行业。金属及金属制品制造业依然是双边隐含碳流量较大产业。这两大行业应该成为未来气候谈判和国内节能减排关注的重点。中国是制造业隐含碳出口最高的国家,中美、中日和中韩的制造业隐含碳流占据全球制造业双边隐含碳流的前三位。

第5章　国际制造业碳转移特征

随着商品和服务随着国际贸易在不同国家间转移,其所包含的隐含碳也会随之在国家间转移,研究碳排放转移路径可识别各国(地区)贸易隐含碳的来源及走向,从而厘清国家间贸易隐含碳排放的责任。世界贸易隐含碳排放格局是指国家(地区)间的贸易隐含碳流向、分布和结构,能反映国际贸易隐含碳转移的空间关联特征。社会网络分析被看作是复杂网络相关知识在社会关系系统中的应用,是定量分析世界贸易隐含碳排放格局的有效工具。本书采用社会网络分析方法对贸易隐含碳排放的空间关联特征进行分析。

5.1　全球制造业贸易隐含碳网络模型

在社会网络研究中,网络是由点和边组成的集合,其中的点和边是抽象意义上的,例如点用来抽象表示系统的某个元素,连接点的边表示元素之间的关系,网络用以描述各类复杂系统。根据边的方向性,网络分为有向网络和无向网络。根据边的随机性,网络分为确定性网络和随机网络。本书建立的全球制造业贸易隐含碳网络为加权的有向网络,可以用权重邻接矩阵 W 表示,如果在 t 年 i 国制造业通过出口贸易向 j 国转移了碳排放 C_{ijt},则有:

$$W_C = \begin{cases} W_{cij}(t) = C_{ijt}, C_{ijt} > 0 \\ W_{cij}(t) = 0, C_{ijt} = 0 \end{cases} \tag{5-1}$$

在模型中,节点是国家,边是国家间的贸易隐含碳排放关系,边的方向是制造业贸易国内增加值的隐含碳出口。结合各国间隐含碳排放流量数据,可以利用模型(5-1)建立制造业贸易隐含碳网络并研究其结构变化特征。

利用 2005 年和 2018 年国家间隐含碳排放数据,本书首先运用 Gephi 软件绘制了这两个年份全球 62 个样本国家间制造业贸易隐含碳排放示意图,即图 5-1、图 5-2、图 5-3 和图 5-4。图中网络节点和节点标签大小表示出入度大小,边宽度大小表示贸易隐含碳转移规模大小。2005 年制造业贸易隐含碳网络的边为 3360 条,平均加权度为 51.032。图 5-1 中中国、美国、印度、韩国、德国等标签较大,且连接这些节点的边都较宽。因此可以看出,2005 年中国是制造业贸易隐含碳最大出口国,俄罗斯、印度等也是主要的出口国。图 5-2 中显示了节点隐含碳入度较大的国家,从节点大小可以看出美国是隐含碳最大进口国,其他 G7 国家也具有重要地位。

2018 年,制造业隐含碳网络的边增加到 3656,比 2005 年增加了 2.6%;平均加权度为 55.7,比 2005 年提高了 8.9%。可见,研究期内不但节点间的相互联系有了较大提高,各节点的隐含碳排放规模也不断扩大。图 5-3、图 5-4 显示了 2018 年的全球制造业隐含碳网络格局。从图 5-3 可见,中国依然是制造业隐含碳网络中的最大节点,出口隐含碳规模最大。从图 5-4 可以看出,相比 2005 年,2018 年除了 G7 国家外,金砖国家和新钻国家也成为贸易隐含碳转移网络中的重要节点,节点加权入度提高,进口隐含碳规模扩大。

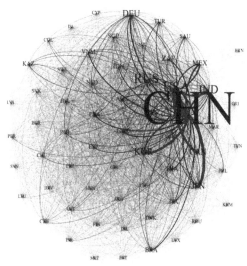

图 5-1　2005 年制造业隐含碳网络图

注:(1)国家名采用国际标准化组织国家编码标准;(2)图中标签大小代表该国加权出度,边的粗细代表碳转移流量大小。

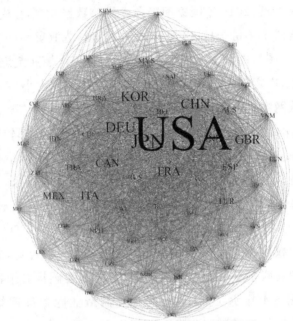

图 5-2　2005 年制造业贸易隐含碳网络图

注：（1）国家名采用国际标准化组织国家编码标准；（2）图中标签大小代表该国加权入度，边的粗细代表进口隐含碳流量大小。

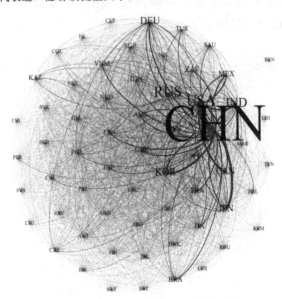

图 5-3　2018 年制造业隐含碳网络图

注：（1）国家名采用国际标准化组织国家编码标准；（2）图中标签大小代表该国加权出度，边的粗细代表碳转移流量大小。

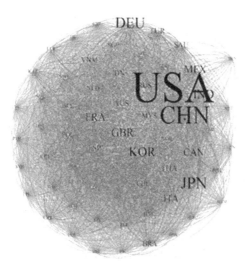

图 5-4　2018 年制造业贸易隐含碳网络图

注:(1)国家名采用国际标准化组织国家编码标准;(2)图中标签大小代表该国加权入度,边的粗细代表进口隐含碳流量大小。

近年来的统计物理学和分子生物学基于复杂网络的研究表明,诸如蛋白质、电力和社会网络均具有小世界或无标度网络特征。本书对制造业隐含碳网络是否为无标度网络进行了验证。本书对节点连接度的分布进行检验,发现该网络的节点连接度既不服从泊松分布,也不服从指数分布。其节点度分布不具有均匀网络的特征。

Barabási 和 Albert(1999) 将节点度分布满足幂律分布的网络称为无标度网络。无标度网络可以进行数学刻画如下:一个节点数量为 N 的复杂网络,可以用无向网络 $G = (V, E)$ 来表示,V 表示 G 的节点集,元素为节点;E 表示 G 的边集,元素为边,网络 G 的邻接矩阵定义为 $A = (a_{ij})_{N \times N}$。

该矩阵是一个 N 阶方阵,第 i 行 j 列的元素定义如下:

$$\begin{cases} a_{ij} = 1,如果节点\ i\ 和节点\ j\ 有边 \\ a_{ij} = 0,如果节点\ i\ 和节点\ j\ 无边 \end{cases}$$

网络中节点 i 的度 k_i 定义为与节点 i 连接的边的总数,网络中某节点其度为 k 的概率 p,称为网络的度的分布。

具体算法如下:第一步,节点增长,开始于较少的节点数量 m_0,在每个时间间隔增添一个具有 $m(m < m_0)$ 条边的新节点,连接这个新节点到 m 个不同的已存在于系统的节点上。第二步,偏好依附连接,在选择新节

点的连接点时,假设新节点连接到节点 i 的概率取决于节点 i 的度k_i,即

$$p(k_i) = \frac{k_i}{\sum_j k_i} \qquad (5\text{-}2)$$

理论分析表明,由此构造的网络度分布满足幂律分布,即

$$p(k) = \frac{2m^2 t}{m_0 + t} \frac{1}{k^3} \qquad (5\text{-}3)$$

Serrano 等(2003)研究发现,社会网络结构中度分布曲线并非泊松分布,而是呈幂律分布(帕累托分布),即网络结构中节点的度分布及其累积度分布在双对数坐标下呈线性关系。

为了探寻全球制造业贸易隐含碳网络的结构,观察节点出度的概率与节点出度的关系,发现它们之间大致呈现幂函数关系。将其进行幂律函数拟合,结果如图 5-5 所示。本书认为世界制造业贸易隐含碳网络符合无标度网络的基本特征。2018 年,世界各国家(地区)间的隐含碳流量在 0.001 Mt 至 295.690 Mt 之间,在网络中大多数节点拥有少数链接,而中国、美国等中心国家拥有大量链接,国家(地区)间隐含碳交易分布具有长尾特征。2180 对国家(地区)间隐含碳交易规模小于 0.1 Mt,2961 对国家(地区)间隐含碳交易规模小于 0.5 Mt,而这 2961 对国家(地区)间隐含碳交易规模总量仅为 240.765 Mt,占全球制造业隐含碳排放量的 6.75%。1 对国家(地区)间隐含碳交易规模(中国到美国的隐含碳排放量为 295.689 Mt)占全球隐含碳排放量的 8.29%。国家(地区)间隐含碳排放长尾特征十分明显。

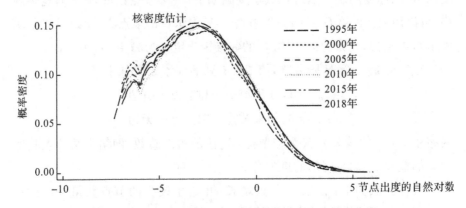

图 5-5　历年国家(地区)间隐含碳网络节点出度概率分布
注:用于计算密度估计的核函数类型是 Epanechnikov 核,带宽=0.4097。

5.2　全球制造业贸易隐含碳整体网特征

5.2.1　整体网指标[①]

为了进一步考察全球制造业贸易隐含碳转移的规律和特征,本书计算了 2005 年到 2018 年世界制造业贸易隐含碳网络的各个整体指标。各个指标的计算方法如下。

(1)网络密度(network density)。网络密度用来衡量国家(地区)之间隐含碳转移关系的紧密程度。它是用隐含碳网络中实际存在的国家间碳排放关系数(边)除以理论上可能存在的碳排放关系数。如果国家(地区)间碳排放关系数为 m,国家(地区)数为 n,那么网络密度为(Geng et al.,2014):

$$\Delta = \frac{2m}{n(n-1)} \tag{5-4}$$

(2)聚类系数(hierarchy structure)。世界贸易隐含碳网络中一个国家(地区)的聚类系数是在网络中这个国家(地区)的碳排放对象国家(地区)之间存在隐含碳排放关系的可能性。一个国家(地区)聚类系数较高,说明其作为隐含碳排放进口国家(地区)之间也存在密切的相互隐含碳排放关系;如果其聚类系数较低,说明其隐含碳排放进口国家(地区)之间关系不紧密。点 i 的聚类系数的 C_i 计算公式如下:

$$C_i = \frac{n_i}{k_i(k_i - 1)} \tag{5-5}$$

式中 n 为点 i 的邻点之间的连边数量,k 为点 i 的度值。所有顶点局部聚类系数的平均值作为网络整体聚类水平[②],其计算公式如下:

$$\overline{C_i} = \frac{1}{n}\sum_{i=1}^{n}C_i$$

---

① 个体网关注节点特征,整体网关注整体网络的结构。

② Watts,D. & Strogatz, S. Collective Dynamics of "Small-World" Networks [J]. Nature, 1998,393(6684):440-442.

(3)模块度(modularity)。2002 年,Girvan 和 Newman 指出复杂网络中普遍存在着聚类特性,提出了模块度的概念。[①] 本书以模块度来测度世界贸易隐含碳网络的分化程度。模块度越高,网络的分化越明显;模块度越小,网络越均匀。模块度计算的数学公式表示如下:

$$Q = \frac{1}{2m} \sum_{i,j} \left(A_{i,j} - \frac{k_i k_j}{2m} \right) \delta(C_i, C_j) = \sum_{c=1}^{n_c} \left[\frac{I_c}{m} - \left(\frac{d_c}{2m} \right)^2 \right] \quad (5\text{-}6)$$

其中 $A_{i,j}$ 表示图的邻接矩阵,k_i 表示点 i 的度,m 是图的边数,$\frac{k_i k_j}{2m}$ 表示点 i 和点 j 之间边的期望。进一步将模块度可以化为等式右边的形式,n_c 是社团的总个数,I_c 是社团 c 内的边数,d_c 是社团内的点的度数之和。[②]模块度的值介于 -1 和 1 之间。本书应用了 V. D. Blondel 等设计的洛文算法(Blondel-Guillaume-Lambiotte-Lefebvre, BGLL)。[③]

5.2.2　整体网演变特征

基于制造业贸易隐含碳网络模型,利用各国(地区)制造业出口增加值隐含碳数据,本书依据 5.2.1 中的计算公式得到了全球制造业隐含碳网络的各个指标,由此可以得到从 1995 年到 2018 年全球制造业隐含碳排放格局演变的基本情况,计算结果如表 5-1 所示。从表 5-1 中可以看出,网络中的边和平均度呈增长趋势,可以看出国家间的隐含碳排放关系越来越密切,国家间的碳排放交换关系增加。同时平均加权度也在不断增加,说明国家(地区)间的隐含碳排放规模也在不断扩大。从 1995 年至 2018 年,制造业贸易隐含碳网络密度整体来说稳步提升(2012—2014 年出现波动,可能是受金融危机影响的结果),这意味着伴随 GVC 分工的

---

① Girvan, M. & Newman, M. E. J. Community Structure in Social and Biological Networks [J]. PNAS, 2002,99(12):7821-7826.

② 模块度计算公式的基本思想是,首先假设隐含碳网络中不存在社团结构,然后将实际网络跟其相应的随机网络进行比较,如果该隐含碳网络跟随机网络之间的差异越大,说明该实际网络中社团结构越明显。实际操作中,首先对划分后的每一个子网络计算其"密度",然后计算该子网络对应的随机网络的"密度",这两个"密度"之间存在一个差值,这个差值就表示该实际网络偏离随机网络的程度,这个值越大说明这个子网络相对随机网络越稠密。将隐含碳网络中包含的所有子网络的这个差值进行加总就可以得到隐含碳网络的模块度。

③ Blondel, V. D., Guillaume, J. L., Lambiotte,R.,et al. Fast Unfolding of Communities in Large Networks[J]. Journal of Statistical Mechanics,2008(10):10008.

深化,越来越多的国家制造业融入国际化生产当中,国家(地区)间碳转移关系增加。模块度指标呈现先降后升的发展态势,反映出研究期间世界制造业隐含碳网络趋于均匀,而 2012 年及以后,网络转而趋于分化。平均聚类系数指标较大,且呈现稳定上升态势,世界制造业隐含碳网络各节点之间的关系越来越密切。

进一步分年度计算了制造业各个细分行业的整体网指标,结果如表 5-2 所示。化学及非金属矿物制品、金属及金属制品和计算机、电子及光学行业的加权平均度最高,同时,从 2005 年到 2018 年,这些行业的加权平均度保持较高水平,说明这些行业是制造业碳排放转移的主要行业。与此相反,纺织、服装及皮革制造业与木制品、纸制品及印刷业的加权平均度却在降低,说明研究期内这些行业的碳排放转移呈下降趋势。从图密度和平均聚类系数来看,纺织、服装及皮革制造业的聚类系数降低,其他行业均有提高,这说明,纺织业的生产日趋分散化,而其他行业更趋集中。表 5-2 中的模块度显示,全球制造业贸易隐含碳网络中,木制品、纸制品及印刷业、食品饮料及烟草制造业隐含碳流网络有较高的模块度,可能存在社团。

各个网络的平均聚类系数较高而平均路径长度较短,说明 2005 年至 2018 年的全球各个制造业隐含碳网络存在小世界性,也就是说,国家(地区)间通过某个中心国家建立起相互排放关系的链接链条很短,同时某个国家(地区)某产业的隐含碳变化可以很快地传递到其他国家(地区)的某个产业。

表 5-1　世界制造业隐含碳网络特征

年份	节点	边	平均度	平均加权度	网络直径	网络密度	模块度	平均聚类系数	平均路径长度
1995	62	3454	53.969	32.393	2	0.857	0.222	0.881	1.143
2000	62	3504	54.750	39.259	2	0.869	0.206	0.899	1.131
2005	62	3563	5.672	51.140	2	0.884	0.163	0.909	1.116
2006	62	3570	5.781	54.475	2	0.885	0.163	0.916	1.115
2007	62	3587	56.047	56.558	2	0.890	0.160	0.917	1.110
2008	62	3600	56.250	56.430	2	0.893	0.130	0.921	1.107

续表

年份	节点	边	平均度	平均加权度	网络直径	网络密度	模块度	平均聚类系数	平均路径长度
2009	62	3583	55.984	46.856	2	0.889	0.141	0.915	1.111
2010	62	3524	55.062	53.899	2	0.874	0.138	0.917	1.126
2011	62	3543	55.359	57.831	2	0.879	0.132	0.920	1.121
2012	62	3551	55.840	57.232	2	0.881	0.142	0.919	1.119
2013	62	3563	55.672	56.260	2	0.884	0.143	0.921	1.160
2014	62	3410	55.000	61.312	2	0.902	0.111	0.931	1.098
2015	62	3581	55.952	56.911	2	0.888	0.142	0.923	1.112
2016	62	3623	56.609	56.761	2	0.899	0.145	0.929	1.101
2017	62	3637	56.828	53.956	2	0.902	0.148	0.930	1.098
2018	62	3656	57.125	55.700	2	0.907	0.143	0.931	1.093

数据来源:原始数据贸易隐含碳来自OECD STAN数据库,具体指标由笔者根据公式计算得出。

表5-2 世界制造业各子行业贸易隐含碳网络结构特征

行业	年份	节点	边	平均度	平均加权度	网络直径	网络密度	模块度	平均聚类系数	平均路径长度
服装、纺织及皮革	2005	56	382	6.821	5.079	4	0.124	0.096	0.647	2.243
	2015	55	331	6.018	4.422	4	0.111	0.251	0.605	2.194
化学及非金属矿物制品	2005	61	1230	20.164	16.634	3	0.336	0.212	0.718	1.663
	2015	62	1322	21.323	19.294	4	0.350	0.208	0.732	1.680
机械设备	2005	58	629	10.845	5.062	4	0.190	0.191	0.660	1.856
	2015	56	663	11.839	6.696	3	0.215	0.151	0.696	1.778
计算机、电子及光学	2005	57	833	14.614	12.696	4	0.261	0.141	0.667	1.808
	2015	60	767	12.783	13.558	3	0.217	0.129	0.647	1.769
金属及金属制品	2005	60	1046	17.433	16.035	3	0.295	0.226	0.717	1.748
	2015	60	1058	17.633	17.718	3	0.299	0.202	0.751	1.712
木制品、纸制品及印刷	2005	55	392	7.127	2.207	4	0.132	0.303	0.550	2.079
	2015	53	349	6.585	2.091	4	0.127	0.269	0.585	2.088
食品、饮料及烟草	2005	57	489	8.579	2.316	6	0.153	0.304	0.498	2.167
	2015	58	570	9.858	2.653	5	0.172	0.268	0.532	2.013
运输设备	2005	57	674	11.825	6.804	4	0.211	0.249	0.649	1.816
	2015	58	759	13.086	8.150	3	0.230	0.263	0.682	1.732

数据来源:原始数据贸易隐含碳来自OECD STAN数据库,具体指标由笔者根据公式计算得出。

5.3　社团分析

受到经济、贸易、政策和文化等因素影响,贸易隐含碳网络中存在着关系紧密的区域和相对稀疏的区域,反映在社会网络分析中就构成了社团结构,也就是说,如果将网络节点分成组,组内节点连接稠密,而组间节点连接稀疏,就称该网络存在社团结构。网络社团结构反映了国家(地区)间隐含碳排放关系及其空间格局。

本书运用 UCINET 中 CONCOR 方法①,通过块模型来探究网络的聚类特征。块模型是对一元关系或者多元关系网络的一种简化表示,它代表该网络的总体结构。块模型中每个行动者之间的关系都类似(刘军,2014)。本书中最大分割深度取值为 3,集中标准摄取值为 0.2,可以将1995 年、2018 年全球制造业隐含碳网络分为四个板块,如表 5-3 所示。研究期内,子群总数没有变化,但子群成员却发生了较大变化。从子群中的成员情况看,子群中的成员大多存在地理邻近、历史渊源相同或发展水平相近等情况。以 2018 年为例,子群 Ⅰ、Ⅱ中的成员多数为太平洋沿线国家,Ⅲ中的成员多数为欧洲国家,Ⅳ中多为中东欧国家。

表 5-3　全球制造业隐含碳网络分区

	1995 年		2018 年
Ⅰ	澳大利亚、日本、韩国、新西兰、中国、印度、印度尼西亚、马来西亚、菲律宾、俄罗斯、沙特阿拉伯、新加坡、南非、泰国	Ⅰ	澳大利亚、智利、哥伦比亚、哥斯达黎加、法国、以色列、爱尔兰、日本、新西兰、挪威、英国、西班牙、美国、阿根廷、巴西、文莱、柬埔寨、印度尼西亚、老挝、马耳他、摩洛哥、秘鲁、菲律宾、沙特阿拉伯、新加坡、泰国、越南

---

① CONCOR 算法是一种迭代收敛法。首先计算矩阵的各个行之间的相关系数,得到一个相关系数矩阵 C1。然后把系数矩阵 C1 作为输入矩阵,对各个行之间的相关系数进行多次迭代计算,最终得到一个仅由 1 和 -1 组成的相关系数矩阵。根据 1 和 -1 将组分为两个集聚区,每个集聚区还可以再进一步细分。

续表

	1995 年		2018 年
II	加拿大、智利、哥伦比亚、哥斯达黎加、爱尔兰、以色列、墨西哥、美国、巴西、阿根廷、秘鲁	II	加拿大、韩国、墨西哥、中国、印度、马来西亚、南非、俄罗斯
III	奥地利、捷克、波兰、斯洛伐克、保加利亚、罗马尼亚	III	奥地利、比利时、捷克、丹麦、德国、匈牙利、意大利、卢森堡、荷兰、波兰、葡萄牙、斯洛伐克、斯洛文尼亚、瑞典、瑞士、克罗地亚、罗马尼亚、突尼斯
IV	比利时、丹麦、爱沙尼亚、芬兰、法国、德国、希腊、匈牙利、冰岛、意大利、立陶宛、拉脱维亚、斯洛文尼亚、卢森堡、荷兰、挪威、葡萄牙、西班牙、瑞典、瑞士、土耳其、英国、文莱、柬埔寨、克罗地亚、塞浦路斯、哈萨克斯坦、老挝、马耳他、摩洛哥、缅甸、突尼斯、越南	IV	爱沙尼亚、芬兰、希腊、立陶宛、拉脱维亚、土耳其、保加利亚、塞浦路斯、哈萨克斯坦

为了分析各个块之间的关系,本书计算了各个子群间贸易隐含碳转移关系矩阵,接着以 α—密度指标确定各个块的值,即以网络平均密度作为临界密度来确定像矩阵。[①] 国际制造业隐含碳网络的像矩阵如表 5-4 所示。

表 5-4　全球制造业隐含碳网络像矩阵(1995—2018 年)

年份	区块	图像矩阵			
		I	II	III	IV
1995	I	1	1	0	0
	II	0	1	0	0
	III	0	0	0	0
	IV	0	0	0	0
2018	I	0	1	0	0
	II	1	1	1	1
	III	0	0	0	0
	IV	0	0	0	0

---

① 计算四个集聚区内部及相互之间的关系密度矩阵,确定关系密度的相对强度,即关系密度是 1 还是 0,可以得到世界隐含碳网络的像矩阵。大于临界密度指标的数值为 1,表示隐含碳网络社团间关系密度相对较强;小于临界密度指标的数值为 0,表示关系密度相对较弱。对于使用密度指标处理后的关系密度矩阵,如果一些块的内部关系密度为 1,与外部其他块之间的关系密度也有较多为 1,则这些块的内外部都存在着相对较强的关系,显示出在网络中的核心地位。

从像矩阵分析结果看,1995年澳大利亚、日本、韩国、新西兰、中国、印度、印度尼西亚、马来西亚、菲律宾、俄罗斯、沙特阿拉伯、新加坡、南非、泰国所在的Ⅰ子群与加拿大、智利、哥伦比亚、哥斯达黎加、爱尔兰、以色列、墨西哥、美国、巴西、阿根廷、秘鲁所在的Ⅱ子群关系最为密切。而到了2018年,加拿大、韩国、墨西哥、中国、印度、马来西亚、南非、俄罗斯所在的Ⅱ子群与其他子群关系密切。也就是说,Ⅱ子群是全球主要的国际贸易隐含碳出口集团。这意味着,以中国、巴西、俄罗斯、南非等为代表的新兴经济体和发展中国家越来越集中地接受来自全球的碳转移排放。从总体上看,亚太地区和欧洲的节点与其他地区节点联系比较紧密,制造业隐含碳交换关系比较活跃。

5.4　模体分析

实际上,复杂系统特征不可能一次完成从元素到整体的涌现,而需要由微观要素到中观局部,再到宏观整体。复杂网络关注个体相互作用的拓扑结构,是构建系统模型、研究系统行为的基础。研究表明,复杂网络是个体、模体、模块和全局多尺度结构。近年,统计物理学和分子生物学基于复杂网络的研究表明,诸如万维网、蛋白质、流行病传播、电力等网络均具有小世界或无标度等全局(global)结构。同时,由于功能特性或生成机理不同,具有相似全局结构的网络具有极其不同的局部结构——模块(module),模块内部节点连接紧密,模块之间节点连接松散。此外,模块还有其底层结构——模体(motif)。模体是网络的一种微观子图结构,是网络局部拓扑结构之一。复杂网络可能包含各种各样的子图,如三角形、正方形和五边形等。如果其中的一些子图所占的比例明显高于同一网络的完全随机化形式中这些子图所占的比例,这些子图就称为模体。子图可以从局部层次刻画一个给定网络的相互连接的特定模式。在实际网络中,所有子图的重要性是不相同的。每一个实际网络可以由一组特定的模体刻画,辨识出这些模体有助于识别网络局部连接模式。

接下来,进一步利用模体分析方法来探究空间关联网络的微观交互模式。子图是由一个网络的部分节点及这些节点之间的边构成的集合，例如在隐含碳网络中它可以是某两个国家及两个国家间的隐含碳排放关系，也可以是某三个国家及这三个国家间的隐含碳排放关系。网络模体则是一种特殊的子图结构，这类子图结构在该实际网络中出现的频次要比它们在对应的随机网络样本中出现频次均值明显高（Milo et al.，2002）。因此，模体可以被用来识别贸易隐含碳网络中最基础的结构。要发现模体方法的基本思想是，首先生成一个随机网络，然后统计对比真实网络中某子图出现频次与随机网络中该子图出现的频次，判断该种子图在网络中是否显著，如果显著性超过一定阈值，则可以判断为模体。

目前，判断模体的标准尚未统一。社会网络研究中使用较为广泛的方法是依据子图的 Z 得分和 P 值进行判断，Z 得分和 P 值计算公式如下：

$$Z_i = (G_i - <G_i^*>)std(\sigma_i^*) \tag{5-7}$$

$$P = P_r(G_i^* \geqslant G_i) \tag{5-8}$$

其中，G_i 代表子图在实际网络中出现的次数，G_i^* 代表子图在模拟产生的随机网络中出现的次数，$<G_i^*>$ 表示子图在所有随机网络中的期望，$std(\sigma_i^*)$ 为子图在所有随机网络中的标准差。P_r 为子图在随机网络中出现的次数高于或等于在实际网络中出现次数的概率。当 $Z>0$ 时，子图为模体；$Z<0$，子图为反模体。通常某子图在随机网络中出现的频率大于其在真实网络中出现频率的概率较低，一般会低于某个阈值 P，根据文献中一般的处理方法，本书定义阈值 P 为 0.05。

网络模体能从微观角度反映国家间微观交互模式。本书利用 FAN-MOD 软件采用 Rand-ESU 算法①对全球制造业隐含碳网络进行 3 节点模体研究。模拟 1000 次，子图的 Z 得分和 P 值进行确定局部模体。为了避免过小的隐含碳排放量不足以反映国家间的碳转移排放模式，过滤掉小于 1 Mt 的边重新进行模体分析。除去 Z 值为 0 或负值及 P 值小于 0.05 的子图，可以得到主要模体，见表 5-5。研究发现，238 号模体 Z 得

---

① 目前，检测模体的软件主要有 Mfinder 和 Fanmod。Fanmod 软件运用 Rand-ESU 算法进行模体检测，该算法速度较快，检测的模体的种类更多（可检测出 3 个节点到 8 个节点的模体），且适用于检测各种规模网络的模体，故这里选取 Rand-ESU 算法对网络进行模体检测分析。

分最高,是在全球制造业碳转移中最重要的模体。238 号模体是全流通模体,即各个国家间都存在相互的碳转移排放。同时发现编号 14 和编号 164 的半联通模体子图浓度最高,如 2018 年 164 号模体的浓度为 14.2％,14 号模体的浓度为 18.36％,其浓度都大于 238 号。编号 14 和编号 164 的模体都表示 A、B、C 三国中有两个国家间存在互惠关系,而另外一个国家仅同其中一个国家存在碳转移关系。其他几类模体在网络中出现的频率均很低,未表现出明显的局部结构特征。这一状态显示,在国际贸易隐含碳排放过程中,尽管由于经济全球化,国家间都存在相互的排放关系,但是转移规模较大的碳流仅存在于少数国家之间,网络中节点间存在较不对称的关联关系。该网络或以制造业大国为核心或以需求大国为核心形成核心—边缘结构,且这一格局较为稳定。从 2005 年到 2018 年,模体类型没有改变,但多数模体出现的频次都有增加,说明碳转移更加频繁。

表 5-5 全球制造业隐含碳网络 3 节点模体分析

编号	模体	含义	2005 年			2018 年		
			频次比例/%	Z 值	P 值	频次比例/%	Z 值	P 值
238		A、B、C 三国之间均存在双边隐含碳排放关系	10.68	8.97	0	11.77	10.58	0
46		A 国同时从 B 国、C 国进口隐含碳,B、C 国之间存在双边隐含碳排放关系	2.26	7.84	0	2.16	7.90	0
166		A、B 两国具有双边隐含碳排放关系,C 国为中转站	2.92	7.11	0	3.01	7.47	0
12		C 国为 B 和 A 国之间的中转站	2.65	4.95	0	2.64	5.34	0
140		A、B、C 三国均为中转站	0.12	4.74	0			
164		A 国向 B 国出口隐含碳并同时从 B、C 两国进口隐含碳	17.70	4.44	0.009	14.20	3.95	0.008
14		C 国为 B 国和 A 国之间的中转站,B、C 国之间存在双边隐含碳排放关系	15.06	2.65	0.024	18.36	4.93	0

从 4 节点模体的检测信息可以进一步证明这一点。在表 5-6 中，31730 号模体在 2018 年占据频率第一的位置，所占比例高达 57.42%，且在所有 4 节点模体中 Z 值最高（$Z=6.99$）。31730 的特征是 4 个节点相互连接，连接边数为 6。因此，我们认为，大多数经济体与其他国家有着非常复杂的相互关系。每个经济体向其他国家出口碳排放，同时直接或间接地从其他国家进口碳排放。除 31730 号外，19422 号、3038 号、13214号和 4958 号图案也表现出显著性水平。图号 19422 和图号 3038 的拓扑结构是：图号的所有节点都是连通的，但图号 19422 的一条边和图号3038 的两条边不是双向连接的。模体 No. 13214 有 5 条边连接，模体No. 4958 有 4 条边连接。但这 4 种模体在研究期内均呈减少趋势。它们不能代表这个网络的重要结构和功能特征。

表 5-6   全球制造业隐含碳网络 4 节点模体分析

编号	模体	频次比例/% [Original]		频次比例/% [Random]		标准差 [Random]		Z 值		P 值	
		1995 年	2018 年	1995 年	2018 年	1995 年	2018 年	1995 年	2018 年	1995 年	2018 年
31730		38.60	57.42	38.06	57.09	0.00	0.00	4.50	6.99	0.00	0.00
19422		6.42	2.62	6.11	2.41	0.00	0.00	4.77	5.03	0.00	0.00
3038		4.43	0.36	4.26	0.31	0.00	0.00	2.17	4.07	0.02	0.00
13214		2.35	2.30	2.06	2.17	0.00	0.00	3.98	2.94	0.00	0.00
4958		1.20	2.13	1.01	2.04	0.00	0.00	3.63	2.17	0.00	0.02

5.5　节点中心性分析

"权力"是社会学研究的重点内容之一,抽象的一个人是没有权力的,但把个人放入群体中,与他人建立关系,就会产生影响并控制他人的"权力"(刘军,2007)。SNA 理论从"关系"角度运用定量方式界定"权力",给出了"中心性"作为社会权力的具体形式化定义。"中心性"这一思想最早是由弗里曼(Freeman,1979)提出的,作为社会网络理论的基本概念,也是 SNA 分析中运用最多的属性之一。借用各种中心性指标,可以分析节点在网络中的结构性影响力。一般认为中心性较高的节点具有权威性,它能控制网络中信息流动的能力,从而影响其他节点的交易行为。节点在社会网络中具有的中心性大小,反映了节点在网络中的影响力的大小。

5.5.1　节点中心性指标

本书首先从刻画个体位置特征的中心性方面对世界贸易隐含碳网络的结构特征进行分析。中心度可以用来衡量一个国家(地区)在世界贸易隐含碳网络中的中心性及影响力,具有较高中心度值的国家(地区)在网络中起着重要的作用,它们能直接影响到更多的国家(地区)。根据一国(地区)对其他国家(地区)隐含碳排放影响渠道的不同,中心度指标又可以划分为度数中心度、中间中心度及接近中心度三类。网络个体特征指标的计算方法如下。

(1)出度、入度、平均度

世界贸易隐含碳网络中某个国家(地区)的度是指与该某个国家(地区)相连接的边的条数,世界贸易隐含碳网络是有向网络,每个国家(地区)都有一个出度和一个入度。用 $N(t)$ 代表 t 年世界上有隐含碳排放关系的国家(地区)总量,则第 i 个国家在第 t 年的出度和入度分别对应于从 i 国进口隐含碳和向 i 国出口隐含碳的国家量。

$$k_i^{out}(t) = \sum_{j=i}^{N(t)} a_{ij}(t) \tag{5-9}$$

$$k_i^{in}(t) = \sum_{j=i}^{N(t)} a_{jt}(t) \tag{5-10}$$

则第 i 个国家在第 t 年的度 $k_i(t)$ 为：

$$k_i(t) = k_i^{in}(t) + k_i^{out}(t) \qquad (5\text{-}11)$$

第 t 年网络的平均度 $\overline{k}_i$ 为：

$$\overline{k}_i = \frac{\sum k_i(t)}{2N(t)} \qquad (5\text{-}12)$$

在全球经济一体化背景下，由于国家和地区间的经济交往异常频繁，仅仅讨论绝对中心度已失去意义。因此，后文中的度数中心度指标均指相对度数中心度。

(2) 加权度、加权平均度

全球制造业隐含碳网络是一个有向网络，全球制造业隐含碳加权网络是以国家（地区）为节点、隐含碳排放关系为连边，以及碳排放关系强度为权重的网络模型。在全球制造业隐含碳加权网络中，国家之间的碳排放关系以双边制造业贸易隐含碳出口来衡量。用 $N(t)$ 代表 t 年世界上有隐含碳排放关系的国家总量，则第 i 个国家在第 t 年的加权出度和加权入度分别对应于世界各国从 i 国进口隐含碳量和向 i 国出口隐含碳的国家量。

$$s_i^{out}(t) = \sum_{j=1}^{N(t)} a_{ij}(t)\, w_{ij}(t) \qquad (5\text{-}13)$$

$$s_i^{in}(t) = \sum_{j=1}^{N(t)} a_{ji}(t)\, w_{ji}(t) \qquad (5\text{-}14)$$

由加权出度和加权入度可以得到每个国家和地区的加权度：

$$s_i(t) = s_i^{out}(t) + s_i^{in}(t) \qquad (5\text{-}15)$$

世界贸易隐含碳网络的平均加权度可以由各个节点加权度取得：

$$s(t) = \frac{\sum s_i(t)}{2N(t)} \qquad (5\text{-}16)$$

(3) 接近中心度（closeness centrality）

一个国家（地区）在世界贸易隐含碳网络中的接近中心度是指该国（地区）与其他国家（地区）的接近距离之和，其计算公式如下：

$$C_{AP_i}^{-1} = \sum_{j=1}^{n} d_{ij} \qquad (5\text{-}17)$$

其中，d_{ij} 是 i 国（地区）和 j 国（地区）之间的捷径距离，在拓扑网络中，该距离即捷径中包含的线数，在加权网络中，该距离是基于双边隐含碳排放总额的加权距离。如果一国(地区)与其他国家(地区)"距离"都很短,其接近中心度越高,其与网络中其他国家(地区)的联系就越紧密。

(4)中间中心度(betweenness centrality)

中间中心度被用来衡量一国(地区)在某两国(地区)隐含碳排放关系中的作用。假设 j 国(地区)和 k 国(地区)之间的捷径有 g_{jk},在点 j 和点 k 之间存在的经过第三个点 i 的捷径数目为 $g_{jk}(i)$,则点 i 可以控制点 j 和点 k 交往的能力用 $b_{jk}(i)$ 来表示,它等于 i 处于 j 和 k 之间捷径上的概率,即 $b_{jk}(i) = g_{jk}(i)/g_{jk}$。

点 i 相对于全部点对的中间度相加,就可以得到该点的绝对中间中心度 $2\sum_{j}^{n}\sum_{k}^{n}b_{jk}(i)$,为了便于比较不同网络中的中间中心度,本书采用相对中间中心度 C_{RB_i}。

$$C_{RB_i} = \frac{2\sum_{j}^{n}\sum_{k}^{n}b_{jk}(i)}{n^2 - 3n + 2} \tag{5-18}$$

(5)特征向量中心度(eigenvector)

特征向量衡量一个国家(地区)与其他许多"中心"国家(地区)的接近程度,因此一个国家(地区)的特征向量集中度取决于最大隐含碳排放对象国家(地区)的集中度。特征向量中心被定义如下:

$$\lambda C^e(G_t) = gC^e(G_t) \tag{5-19}$$

其中,$\lambda C^e(G_t) = \sum_{j}g_{ij,t}C^e(g)$,即一个国家(地区)的中心性和隐含碳排放对象国家(地区)的中心性的比值,这个比例即系数 λ。可见 $C^e(G)$ 是一个特征向量的邻接矩阵,g 和 λ 是其对应的特征值。这里使用与最大特征值相关的特征向量 $C^e(G)$ 作为网络中一个国家(地区)的中心度的度量。其观点是具有高特征向量中心的国家(地区)是那些与许多其他国家(地区)有大量碳排放关系的国家,而这些国家(地区)反过来又与许多其他国家(地区)有隐含碳排放关系,以此类推。

5.5.2　各国(地区)节点中心性

运用各类中心性指标,可以评价单个国家(地区)在隐含碳网络中的地位,并分析单个国家(地区)与网络中其他国家(地区)之间的隐含碳排放关系状况。

本书计算四年各国(地区)的度、加权度、接近中心度、中间中心度和特征向量中心度指标,并将排名前10位的国家列表,得到表5-7。

表 5-7 四年各国中心度指标

年份	加权入度		加权出度		接近中心度		中间中心度		特征向量中心度	
	国家	值	国家	值	国家	值	国家	值	国家	值
1995	美国	406.441	俄罗斯	413.228	美国	1	英国	52.111	英国	1.000
	德国	200.842	中国	271.935	俄罗斯	1	泰国	46.359	泰国	0.988
	日本	199.024	美国	228.049	中国	1	美国	20.611	美国	0.986
	意大利	111.521	德国	114.549	德国	1	德国	20.611	德国	0.986
	法国	109.543	加拿大	86.099	意大利	1	日本	19.452	日本	0.986
	英国	97.545	日本	76.218	加拿大	1	韩国	19.056	韩国	0.974
	加拿大	81.740	英国	64.377	英国	1	意大利	15.044	意大利	0.970
	韩国	78.683	韩国	59.797	法国	1	法国	15.044	法国	0.970
	中国	50.611	意大利	56.631	韩国	1	加拿大	15.044	加拿大	0.970
	新西兰	50.226	波兰	52.784	新西兰	1	新西兰	15.044	新西兰	0.970
2005	美国	823.992	中国	1218.810	中国	1	美国	17.811	美国	1.000
	日本	276.093	俄罗斯	306.997	美国	1	日本	17.811	日本	1.000
	德国	197.229	美国	206.998	日本	1	德国	17.811	德国	1.000
	韩国	144.862	德国	138.625	俄罗斯	1	韩国	17.811	韩国	1.000
	英国	141.792	日本	116.508	德国	1	英国	17.811	英国	1.000
	中国	138.062	韩国	105.420	韩国	1	中国	17.059	澳大利亚	0.988
	法国	132.666	印度	101.436	加拿大	1	澳大利亚	16.826	加拿大	0.987
	加拿大	125.198	加拿大	88.236	英国	1	泰国	15.642	法国	0.987
	意大利	119.846	南非	63.464	法国	1	马来西亚	15.406	西班牙	0.987
	墨西哥	90.758	意大利	60.367	意大利	1	加拿大	13.066	新西兰	0.987
2015	美国	709.008	中国	1326.391	中国	1	中国	14.481	中国	1.000
	中国	313.243	俄罗斯	273.702	美国	1	美国	14.481	美国	1.000
	日本	233.188	美国	206.770	日本	1	印度	14.481	印度	1.000
	德国	194.944	印度	188.376	德国	1	韩国	14.481	韩国	1.000
	韩国	153.853	韩国	169.842	印度	1	英国	14.481	英国	1.000
	印度	136.428	日本	148.325	韩国	1	越南	14.056	澳大利亚	1.000
	墨西哥	124.856	德国	139.764	法国	1	澳大利亚	13.721	瑞士	1.000
	加拿大	112.117	墨西哥	80.410	泰国	1	日本	13.442	德国	0.992
	法国	111.270	加拿大	76.835	英国	1	泰国	13.442	法国	0.992
	英国	103.422	南非	71.099	越南	1	马来西亚	11.707	沙特阿拉伯	0.992

续表

年份	加权入度		加权出度		接近中心度		中间中心度		特征向量中心度	
	国家	值	国家	值	国家	值	国家	值	国家	值
2018	美国	676.625	中国	1301.642	中国	1	中国	11.883	中国	1.000
	中国	310.266	俄罗斯	239.335	美国	1	美国	11.883	美国	1.000
	日本	234.982	印度	230.340	印度	1	德国	11.883	德国	1.000
	德国	201.453	美国	187.593	日本	1	法国	11.883	法国	1.000
	韩国	151.768	韩国	171.617	德国	1	英国	11.883	英国	1.000
	印度	139.245	德国	135.308	韩国	1	澳大利亚	11.196	澳大利亚	1.000
	墨西哥	126.785	日本	130.510	加拿大	1	印度	10.946	捷克	1.000
	法国	109.564	加拿大	79.834	越南	1	越南	10.946	土耳其	0.993
	加拿大	105.405	墨西哥	78.618	法国	1	韩国	10.916	西班牙	0.993
	意大利	98.130	越南	76.491	泰国	1	日本	10.916	新西兰	0.993

从表 5-7 中可以看出，首先，美国、中国、德国等经济大国具有较高的接近中心度，说明这些国家国际贸易所引致的贸易隐含碳排放在世界排放总量中占有很高比重。其次，这些国家同时具有较高的中间中心度和特征向量中心度，较高的中间中心度意味着经由这些国家进行国际贸易的路径多、概率高，属于网络中关键的节点。特征向量中心度根据相邻点的重要性来衡量该点的价值。因此较高的特征向量中心度说明这些国家潜在的控制网络能力较强。

从各个国家制造业在世界贸易隐含碳网络中的地位变化来看（见表 5-7），研究期内，中国在多数网络指标中都排在第一位，美国处于第二位。中国在制造业贸易隐含碳网络中的地位与中国制造业发展尤其是制造业出口情况密切相关。从历史上看，1997 年，中国制造业增加值占全球制造业增加值的比重为 5.5%，到了 2018 年，中国制造业增加值占全球制造业增加值的比重已达 26.7%。特别是 2013 年实施"一带一路"倡议后，中国融入世界经济体系步伐更大，生产关联及隐含碳网络密度进一步加大。德国、日本、英国、加拿大始终排在前列，各个中心度指标值均较高，说明这些国家是网络中的重要节点，它们与其他节点之间的隐含碳排放关系密切，并且处于网络中的"交通要道"上，起到重要的沟通作用。从前文可见，这些国家通常为贸易隐含碳进口大国，通过进口新兴经济体和发展中国家的商品和服务，将国内碳排放转移到了其他国家。意大利、法国在网络中的地位下降，尤其是中间中心度指标和特征向量中心度指标都呈下降趋势,逐渐退出核心成为半边缘国家。印度、墨西哥、越南等发展中国家各项指标不断上升,2018 年其加权度指标均进入前 10,尤其是印度制造业发展很快,碳排放规模不断扩大,在世界贸易隐含碳网络的核心度不断增大,逐渐进入核心国家行列。从各国的节点中心性指标变化来看,发展中国家和新兴经济体制造业结构均呈现高碳化趋势。这表明在嵌入 GVC 过程中,新兴经济体和发展中国家通过开展中间品贸易和加工贸易,与其他国家建立了大量的生产联系,已经成为全球重要的冶金、石化、建材、纺织等产品的生产基地,出口增加,促进了隐含碳排放的增长,因而也成为全球碳转移排放的主要目的地。

5.6　本章小结

本章构建了全球制造业贸易隐含碳网络,并从网络、社团和模体等方面,对其宏观、中观和微观特征进行了实证分析。

世界制造业贸易隐含碳网络符合无标度网络的基本特征。网络中的边和平均度呈增长趋势,网络密度稳步提升,平均聚类系数指标较大且呈现稳定上升态势,说明研究期内网络节点的数量增加,节点间的碳排放交换关系进一步加强。模块度指标呈现先降后升的发展态势,反映出研究期内,世界制造业隐含碳网络较为均匀,而 2012 年及以后,网络转而趋于分化。细分行业看,化学及非金属矿物制品、金属及金属制品和计算机、电子及光学行业的加权平均度最高,且呈增长态势。而纺织、服装及皮革制造业与木制品、纸制品及印刷业的加权平均度却在降低。从图密度和平均聚类系数来看,纺织、服装及皮革制造业的聚类系数低,其他行业均有提高,反映出纺织业的生产日趋分散化,而其他行业更趋集中。木制品、纸制品及印刷业,食品饮料及烟草制造业隐含碳流网络有较高的模块度,可能存在社团。

网络社团分析显示,可以将全球制造业隐含碳网络分为四个板块,研究期内,子群总数没有变化,但子群成员发生了较大变化。2018 年,加拿大、韩国、墨西哥、中国、印度、马来西亚、南非、俄罗斯Ⅱ子群与其他子群关系都密切。也就是说,Ⅱ子群是全球主要的国际贸易隐含碳出口集团。这意味着,以中国、巴西、俄罗斯、南非等为代表的新兴经济体和发展中国家越来越集中地接受来自全球的碳转移排放。

模体研究发现,238 号模体(全流通模体,各个国家间都存在相互的碳转移排放)是在全球制造业碳转移中最重要的模体。编号 14 和 164 的模体(半联通模体,三国中有两个国家间存在互惠关系,而另外一个国家仅同其中一个国家存在碳转移关系)子图浓度最高,其他几类模体在网络中出现的频率均很低,未表现出明显的局部结构特征。这一状态显示,在国际贸易隐含碳排放过程中,尽管由于经济全球化,国家间都存在相互的排放关系,但是转移规模较大的碳流仅存在于少数国家之间,网络中节点间存在较不对称的关联关系。该网络或以制造业大国为核心或以需求大国为核心形成核心—边缘结构,且这一格局较为稳定。

节点中心性分析显示,美国、中国、德国等经济大国具有较高的接近中心度,这些国家同时具有较高的中间中心度和特征向量中心度,属于网络中关键的节点。从发展趋势看,研究期内,中国在各个网络中的指标不断上升,2018 年多数指标都排在第一位,美国处于第二位。德国、日本、英国、加拿大始终排在前列,且各个中心度指标值均较高,说明这些国家是网络中的重要节点,它们与其他节点之间的隐含碳排放关系密切,并且处于网络中的"交通要道"上,起到重要的沟通作用。意大利、法国在网络中地位下降,尤其是中间中心度指标和特征向量中心度指标都呈下降趋势,逐渐退出核心成为半边缘国家。印度、墨西哥、越南的各项指标不断上升,2018 年其加权度指标均进入前 10,尤其是印度制造业发展很快,碳排放规模不断扩大,在世界贸易隐含碳网络中的核心度不断增大,逐渐进入核心国家行列。

第6章　国际制造业碳转移影响因素

总体来看,已有关于贸易对环境影响的分析明晰了 GVC 分工与环境污染之间的错综复杂的线性或非线性关系。GVC 对贸易隐含碳转移的具体影响还未明确,因此,本书将在前人研究成果的基础上,借助 MRQAP 方法进一步系统、全面地分析 GVC 嵌入与全球制造业贸易隐含碳网络之间的内在关系。

6.1　国际 GVC 发展水平测度

6.1.1　国际 GVC 发展水平测算方法与指标

Wang 等(2017)学者提出了将生产活动分解为不同类型的两种方法,分别对应于生产者的视角(forward industrial linkages,基于前向联系)和用户的视角(backward industrial linkages,基于后向联系)。根据这些分解公式,可以得到全球价值链参与指数。

国际投入产出表的基本结构如表 6-1 所示。其中,Z^{sr} 为 $N \times N$ 阶中间产品投入矩阵,产品在 s 国生产,r 国消费;Y^{sr} 为 $N \times 1$ 阶列矩阵,产品在 s 国生产,r 国消费;Y^s 为 $N \times 1$ 阶 s 国最终产品列矩阵;VA^s 为 s 国 $1 \times N$ 阶直接增加值矩阵。在国家间投入产出模型(inter-country input-output model,ICIO,也称 ICIO 模型)中,投入系数矩阵可以表示为 $A = Z\hat{X}^{-1}$,其中,$\hat{X}$ 为矩阵 X 相对应的对角矩阵,增加值系数向量可以定义为 $V = Va\hat{X}^{-1}$,总产出 X 可以分解为中间产品和最终产品,$AX + Y = X$,整理可得 $X = BY$,其中 $B = (I - A)^{-1}$ 是里昂惕夫逆矩阵。

表6-1　国际投入产出表结构

中间投入	国家	产业	中间产品需求							最终产品需求			总需求
			国家1			...	国家J			国家1	...	国家J	
			产业1	...	产业S	...	产业1	...	产业S				
中间投入	国家1	产业1	Z_{11}^{11}	...	Z_{11}^{1S}	...	Z_{1J}^{11}	...	Z_{1J}^{1S}	F_{11}^1	...	F_{1J}^1	Y_1^1
		...	...	Z_{11}^n	...	...	...	Z_{1j}^n	...	...	...	...	...
		产业S	Z_{11}^{S1}	...	Z_{11}^{SS}	...	Z_{1J}^{S1}	...	Z_{1J}^{SS}	F_{11}^S	...	F_{1J}^S	Y_1^S
	...	...	...	...	...	Z_{ij}^n	...	...	...	...	F_{ij}^s	...	Y_j^s
	国家J	产业1	Z_{J1}^{11}	...	Z_{J1}^{1S}	...	Z_{JJ}^{11}	...	Z_{JJ}^{1S}	F_{J1}^1	...	F_{JJ}^1	Y_{J1}^1
		...	...	Z_{J1}^n	...	...	...	Z_{JJ}^n	...	...	...	...	...
		产业S	Z_{J1}^{S1}	...	Z_{J1}^{SS}	...	Z_{JJ}^{S1}	...	Z_{JJ}^{SS}	F_{J1}^S	...	F_{JJ}^S	Y_j^s
增加值			VA_1^1	...	VA_1^S	VA_j^s	VA_j^1	...	VA_j^S				
总产出			Y_1^1	...	Y_1^S	Y_j^s	Y_j^1	...	Y_j^s				

资料来源:世界投入产出数据库(World Input-Output Database，WIOD)。

投入产出表中的总产出 X 可以表示为:

$$X=AX+Y=+A^FX+Y^F=A^DX+Y^D+E \tag{6-1}$$

其中,$A^D=\begin{bmatrix} A^{11} & 0 & \cdots & 0 \\ 0 & A^{22} & \cdots & 0 \\ \vdots & \vdots & \ddots & \vdots \\ 0 & 0 & \cdots & A^{gg} \end{bmatrix}$ 为 $GN\times GN$ 阶国内投入矩阵。

A^F 是为 $GN\times GN$ 阶进口投入系数非对角的块矩阵,Y 为 $GN\times1$ 最终产品和服务列向量,Y^D 是满足国内需求的 $GN\times1$ 阶最终产品和服务列向量,Y^F 是最终产品出口列向量,E 为最终产品出口。

整理式(6-1)可以得到:

$$X=(1-A^D)^{-1}Y^D+(1-A^D)^{-1}E=LY^D+LE=LY^D+LY^F+LA^FX \tag{6-2}$$

其中,$L=(1-A^D)^{-1}$ 为里昂惕夫逆矩阵。公式两端同时乘以直接增加值系数矩阵 $\hat{V}$,将 X 替换为 BY,列向量 Y、Y^D、Y^F 转化 $GN\times GN$ 阶对角阵 $\hat{Y}$,$\hat{Y}^D$ 及 $\hat{Y}^F$,可以得到最终产品向量。

$$\hat{V}B\hat{Y}=\underset{(a)V_D}{\hat{V}LY^D}+\underset{(b)V_RT}{\hat{V}LY^F}+\underset{(c1)V_GVC_s}{\hat{V}LA^FB\hat{Y}}=\hat{V}LY^D+\hat{V}LY^F+\hat{V}LA^FLY^D+$$

$$\underset{(c2)V_GVC_c}{\hat{V}LA^F(BY-LY^D)} \tag{6-3}$$

可见,一国国内增加值可以分解为:(1)纯粹的国内生产中产生的增加值($\hat{V}L\hat{Y}^D$),比如国内的理发业;(2)最终产品出口中产生的增加值,即传统国家贸易中的增加值($\hat{V}L\hat{Y}^F$),例如葡萄牙的酒与英国的布料进行交换;(3)简单的全球价值链活动($\hat{V}LA^FL\hat{Y}^D$),比如中间产品贸易;(4)复杂的全球价值链活动$\hat{V}LA^F(B\hat{Y}-L\hat{Y}^D)$,例如美国的建筑业采用了中国的钢材在他国进行房屋建造。前两种类型的生产活动完全在国家边界内进行,并且这里没有跨国生产共享,两者的区别在于它们是满足国内还是国外的最终需求;后两种类型是跨国生产分享活动,两者的区别在于是否满足伙伴国或其他国家的最终需求,以及要素含量跨越国界的次数。四者之间的联系和区别如表 6-2 所示。

表 6-2　一国生产活动分解

一国国内增加值	特征	生产是否跨越国界	满足需求
纯粹的国内生产	国内生产的,由国内最终需求吸收的附加值,不涉及国际贸易。在整个生产和消费过程中,没有要素含量跨越国界	否	国内
传统的国际贸易	完全由国内出口和国内贸易构成的,只有一次的国内贸易才是最终的增值要素	否	国外
简单的 GVC 活动	体现在一个国家部门的中间贸易中的国内增加值,该中间贸易被伙伴国用来生产其在当地消费的国内产品,或者是直接从伙伴国进口并用于国内消费品的外国附加值	是,只有一次	国内外
复杂的 GVC 活动	体现在中间出口/进口中的附加值,伙伴国利用这些中间出口/进口为其他国家生产出口(中间或最终)。在这种情况下,要素含量至少跨越一个国家边界两次	是,多次	国内外

资料来源:Wang 等(2017)。

式(6-3)中,(a)项和(b)项为国内生产和消费的附加值。这种增值并不涉及跨境贸易,例如理发。($c1$)项为只跨国界生产一次的国内或/和国外的增值,它是进口国直接用于生产本国产品所吸收的中间出口/进口的增值,因此被定义为简单的全球价值链活动(V_GVC_S,Y_GVC_S)。($c2$)部分是一个国家部门的国内要素含量,中间品至少两次跨境生产以满足国内外最终需求,因此被定义为复杂的全球价值链活动(V_GVC_C,Y_GVC_C)。

根据这种分解方法,GVC 参与度可以由全球价值链活动占总生产活动的份额来衡量。基本上,这种方法衡量的是参与全球生产网络的特定国家部门的生产百分比。GVC 前向参与指标是基于国内生产总值(GDP)的分解,它显示了参与跨国生产分享活动的国家部门所使用的生产要素的百分比;GVC 后向参与度基于最终产品生产的分解计算,它显示了一个国家部门生产的最终产品中来自全球价值链活动的百分比。

定义两个层面上的 GVC 参与度。第一种是基于前向生产分解的 GVC 参与度(下文简称 $GVCPt_f$)。其计算公式如(6-4),右边的分母是该国家(部门)的国内增加值,分子是该国家(部门)中间产品出口中的国内增加值。这一衡量标准与传统的 VS[①] 衡量标准(占出口总额的百分比)有两个不同之处:(a)它是根据增加值而不是出口总额计算的;(b)这是一种生产概念,而不是贸易。

$$GVCPt_f = \frac{V_GVC}{Va'} = \frac{V_GVC_S}{Va'} + \frac{V_GVC_C}{Va'} \tag{6-4}$$

第二种是基于后向分解的 GVC 参与度(下文简称 $GVCPt_b$),该指数衡量了一个国家(部门)的最终产品和服务生产总量的百分比,这些产品和服务代表了通过上游企业参与全球价值链活动的增加值,可以写成式(6-5):

$$GVCPt_b = \frac{Y_GVC}{Y'} = \frac{Y_GVC_S}{Y'} + \frac{Y_GVC_C}{Y'} \tag{6-5}$$

总的来说,这两个 GVC 参与度指数是基于生产要素是否跨越国界

---

① David Hummels 等(1998,2001)提出的 VS(即 vertical specialization)指标又分为绝对值指标(vertical specialization,VS)和相对值指标(vertical specialization share,VSS),前者衡量一国进口中间品用于生产出口品的那部分中间投入品的绝对价值;后者衡量 VS 绝对值在该国总出口中所占的比重。

进行生产对国家(部门)的全球价值链参与度进行估算。两者充分地考虑到了向前和向后的工业联系。$GVCPt_f$ 衡量由 GVC 生产和贸易活动产生的国内增加值占整个部门增加值的份额。一国(地区)$GVCPt_f$ 越高,说明其 GVC 生产和贸易活动产生的国内增加值越高,在 GVC 分工中处于相对高端环节。$GVCPt_b$ 衡量的是一个国家(地区)的最终产品生产中由涉及跨国生产分享活动的国内和国外因素所贡献的百分比。$GVCPt_b$ 高,表明该国(地区)更多从他国进口中间品进行组装和加工,在 GVC 分工体系中处于相对低端环节。这两个指数的相对值表明了一个国家(地区)或某个部门在 GVC 中的地位。例如,$GVCPt_f$ 高于 $GVCPt_b$ 意味着该国家(部门)参与的 GVC 的上游研发设计等活动,价值链地位较高。

6.1.2 各国 GVC 分工基本情况

根据 6.1.1 节公式计算了各国(地区)制造业 GVC 地位指数,原始数据来自对外经济贸易大学多区域投入产出数据库(University of International Business and Economics Multi-Region Input-Output Database,也称 UIBE 数据库)。其中 GVC 地位指数前 20 位的经济体的基本情况如表 6-3 所示。由表 6-3 可见,2018 年排名前 10 的国家和地区分别是智利、哈萨克斯坦、文莱、老挝、俄罗斯、拉脱维亚、沙特阿拉伯、德国、瑞士、韩国。这些国家或地区中,除德国、瑞士外,基本都是新兴经济体和发展中国家。美国、英国、法国等发达国家的 GVC 分工地位指数并不高,这一计算结果和预期有一定出入,一般认为 G7 等发达国家应该具有更高的 GVC 分工地位。然而从制造业的计算结果看,经济发达程度与一国或地区在全球价值链中的地位也没有必然联系。本书认为其原因可能来自各国产业结构和不同增加值率的差异。如果一国的出口结构中增加值率较高的资源型产业比重高(如文莱、沙特阿拉伯、哈萨克斯坦、俄罗斯等),则间接增加值出口高而国外增加值出口较低,这就造成其 GVC 地位指数偏高。反之,如果该国家(地区)资源比较匮乏(如英国、法国等),出口的多为增加值率较低的高加工度产品,其 GVC 地位指数会较低。

表 6-3　制造业 GVC 地位指数排名前 20 的经济体

序号	1995 年	国家	2005 年	国家	2015 年	国家	2018 年	国家
1	0.172	俄罗斯	0.200	哈萨克斯坦	0.193	哈萨克斯坦	0.172	智利
2	0.171	智利	0.192	智利	0.166	智利	0.163	哈萨克斯坦
3	0.135	哈萨克斯坦	0.172	俄罗斯	0.123	老挝	0.124	文莱
4	0.107	芬兰	0.115	沙特阿拉伯	0.110	俄罗斯	0.114	老挝
5	0.099	卢森堡	0.063	卢森堡	0.107	文莱	0.098	俄罗斯
6	0.083	瑞典	0.063	芬兰	0.090	冰岛	0.072	拉脱维亚
7	0.082	保加利亚	0.061	瑞典	0.066	拉脱维亚	0.068	沙特阿拉伯
8	0.074	冰岛	0.053	德国	0.065	德国	0.058	德国
9	0.045	沙特阿拉伯	0.042	秘鲁	0.062	瑞典	0.057	瑞士
10	0.041	荷兰	0.040	缅甸	0.057	斯洛文尼亚	0.053	韩国
11	0.039	德国	0.040	瑞士	0.055	芬兰	0.051	瑞典
12	0.036	奥地利	0.038	奥地利	0.052	瑞士	0.048	芬兰
13	0.033	加拿大	0.034	挪威	0.044	奥地利	0.042	冰岛
14	0.029	丹麦	0.033	阿根廷	0.039	韩国	0.035	奥地利
15	0.027	日本	0.027	新加坡	0.029	爱尔兰	0.034	丹麦
16	0.026	瑞士	0.025	日本	0.024	丹麦	0.033	斯洛文尼亚
17	0.024	澳大利亚	0.024	印度尼西亚	0.020	日本	0.033	卢森堡
18	0.023	新西兰	0.022	文莱	0.016	新西兰	0.027	日本
19	0.022	英国	0.015	巴西	0.015	马来西亚	0.025	爱尔兰
20	0.021	波兰	0.015	荷兰	0.015	卢森堡	0.011	马来西亚

数据来源:原始数据来自 UIBE 数据库。

各个国家制造业 GVC 分工地位从 1995 年到 2018 年的变化情况如图 6-1 所示。其中横轴为 1995 年的 GVC 分工地位,纵轴为 2018 年的 GVC 分工地位,中间直线为 45°线。由图 6-1 可见,多数国家的点都位于 45°线上方。这意味着,研究期内全球价值链分工进一步深化,多数国家的 GVC 分工地位指数都有所提升。例如,中国由 -0.022 提高到 -0.04196,印度从 -0.065 提高到 0.00316。同时也应注意到 GVC

分工地位指数高不能确切地表明某国或地区占主导地位的生产活动一定是研发设计等高端供应链活动,例如文莱和哈萨克斯坦的 GVC 地位很高在某种程度上是因为其出口产品中石油等原材料出口比例较大,而这些产品一般都是作为原料被第三国进口后又出口的。

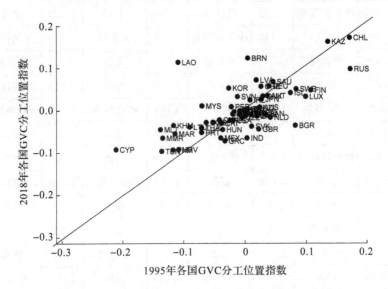

图 6-1　各国制造业 GVC 分工地位变化(1995—2018 年)

重点考察 1995 年和 2018 年典型国家制造业 GVC 地位指数(见表 6-4),发现不同区域的 GVC 分工地位呈现以下特征:总体来说以 G7 为代表的发达经济体的 GVC 制造业分工地位高于新兴经济体和发展中国家,但研究期内发达经济体的 GVC 分工地位指数有所下降,而新兴经济体和发展中国家 GVC 分工地位指数上升。可见,以中国为代表的新兴市场和发展中国家在 GVC 中的角色正从一个倾向于被动接受他国中间产品的低端代工者角色,向为全球生产网络输送中间产品的中端分工者角色转变,成为推动经济全球化和国际分工深化的基础性力量。

表 6-4　典型国家制造业 GVC 分工地位指数比较

	国家	1995 年	2005 年	2015 年	2018 年
发达经济体	美国	−0.020	−0.046	−0.019	−0.023
	德国	0.039	0.053	0.065	0.058
	英国	0.022	−0.007	−0.018	−0.044
	法国	0.018	0.000	−0.004	−0.005
	意大利	0.003	−0.024	0.005	0.004
	日本	0.027	0.025	0.020	0.027
	加拿大	0.033	0.010	−0.001	−0.007
新兴经济体和发展中国家	中国	−0.042	−0.016	−0.014	−0.022
	俄罗斯	0.172	0.172	0.110	0.098
	印度	0.003	−0.048	−0.046	−0.065
	巴西	−0.008	0.015	−0.020	−0.010
	韩国	−0.027	0.000	0.039	0.053
	墨西哥	−0.040	−0.073	−0.058	−0.065
	土耳其	−0.018	−0.043	−0.033	−0.003
	印度尼西亚	0.004	0.024	0.012	0.002

数据来源：原始数据来自 UIBE 数据库。

全球分工体系的发展是基于产品生产过程的众多工序，存在多个生产环节的商品才有可能将不同的生产环节拆分到不同的国家，进而形成全球价值链。从理论上看，相比农业、采掘业、服务业等部门，制造业部门更适宜全球产业分工，因为制造业的生产链更长，前后项关联大，更有可能嵌入 GVC 体系中。从历史上看，制造业部门也是全球跨境投资、国际贸易的主体，因此制造业的隐含碳排放状况更有可能受到价值链参与程度的影响。

世界制造业 GVC 前向参与度（$GVCPt_f$）最高的 10 个国家如表 6-5 所示，后向参与度（$GVCPt_b$）最高的如表 6-6 所示，典型国家[①]的 GVC 参与度变化情况如表 6-7 所示。从表 6-5 和表 6-6 可以看出，GVC 参与度较高的国家以发达经济体和资源型国家为主，发展中国家和新兴经济体的 GVC 参与度相对较低。

[①]　与第三章类似，本章中所指的典型国家（地区）划分为发达经济体和新兴经济体，其中发达国家主要由七国集团（G7）组成，具体包括美国、德国、英国、法国、意大利、日本、加拿大；新兴经济体主要是金砖国家和新钻国家，包括中国、俄罗斯、印度、巴西、南非、韩国、墨西哥、土耳其、印度尼西亚。

表 6-5　制造业 GVC 前向参与度 Top 10

序号	1995 年		2005 年		2015 年		2018 年	
	国家	$GVCPt_f$	国家	$GVCPt_f$	国家	$GVCPt_f$	国家	$GVCPt_f$
1	卢森堡	0.559	卢森堡	0.608	卢森堡	0.578	卢森堡	0.594
2	新加坡	0.459	新加坡	0.538	新加坡	0.508	新加坡	0.498
3	马来西亚	0.421	哈萨克斯坦	0.505	斯洛伐克	0.470	斯洛伐克	0.479
4	哈萨克斯坦	0.389	马来西亚	0.481	斯洛文尼亚	0.466	斯洛文尼亚	0.461
5	比利时	0.388	智利	0.474	匈牙利	0.444	匈牙利	0.450
6	芬兰	0.388	斯洛伐克	0.459	爱沙尼亚	0.439	爱沙尼亚	0.432
7	智利	0.380	比利时	0.421	爱尔兰	0.427	智利	0.429
8	斯洛伐克	0.371	斯洛文尼亚	0.397	捷克	0.426	爱尔兰	0.428
9	爱沙尼亚	0.366	爱沙尼亚	0.386	奥地利	0.412	捷克	0.426
10	瑞典	0.362	捷克	0.384	智利	0.410	比利时	0.422

表 6-6　制造业 GVC 后向参与度 Top 10

序号	1995 年		2005 年		2015 年		2018 年	
	国家	$GVCPt_b$	国家	$GVCPt_b$	国家	$GVCPt_b$	国家	$GVCPt_b$
1	马来西亚	0.524	卢森堡	0.510	卢森堡	0.555	卢森堡	0.543
2	新加坡	0.472	马来西亚	0.501	斯洛伐克	0.525	斯洛伐克	0.535
3	马耳他	0.452	新加坡	0.496	匈牙利	0.508	匈牙利	0.517
4	卢森堡	0.412	匈牙利	0.465	新加坡	0.502	新加坡	0.500
5	塞浦路斯	0.407	斯洛伐克	0.459	马耳他	0.469	越南	0.497
6	比利时	0.375	马耳他	0.446	越南	0.465	捷克	0.448
7	爱沙尼亚	0.368	爱尔兰	0.425	捷克	0.450	比利时	0.436
8	斯洛伐克	0.356	泰国	0.419	爱沙尼亚	0.442	爱沙尼亚	0.429
9	爱尔兰	0.330	越南	0.408	荷兰	0.433	荷兰	0.422
10	突尼斯	0.330	比利时	0.406	比利时	0.420	保加利亚	0.416

从前后向参与度比较看(见表 6-7),发展中国家和新兴经济体的后向参与度普遍较前向参与度高。例如,中国 $GVCPt_f$ 为 0.1300,$GVCPt_b$ 为 0.155。同期印度的 $GVCPt_f$ 为 0.132,$GVCPt_b$ 为 0.207。这些国家更多地依赖从发达国家进口零部件,而不是作为供应商向世界提供。可见 GVC 分工不断深化的结果是使得中国、韩国等集中于大规模的制造业 GVC,巴西、俄罗斯等新兴市场经济国家倒退为能源和初级产品的生产国,出口产品以资源密集型、能源密集型产品为主,而很多发展中国家被 GVC 边缘

化。相比之下,德国、英国的前向参与度明显高于后向参与度,2018 年,德国分别为 0.336 和 0.261,日本分别为 0.2925 和 0.2251。可见,发达国家 $GVCPt_f$ 较高,以中高端制造业出口为主,GVC 分工地位较高。

表 6-7　典型国家 GVC 嵌入方式

国家	$GVCPt_f$				$GVCPt_b$			
	1995 年	2005 年	2015 年	2018 年	1995 年	2005 年	2015 年	2018 年
中国	0.095	0.181	0.127	0.130	0.142	0.199	0.142	0.155
印度	0.102	0.222	0.138	0.132	0.099	0.193	0.192	0.207
俄罗斯	0.361	0.369	0.298	0.294	0.145	0.153	0.162	0.173
墨西哥	0.125	0.144	0.211	0.226	0.171	0.231	0.283	0.308
巴西	0.077	0.135	0.133	0.143	0.085	0.118	0.156	0.154
韩国	0.205	0.297	0.357	0.373	0.237	0.296	0.305	0.303
土耳其	0.085	0.132	0.163	0.214	0.105	0.181	0.203	0.218
印度尼西亚	0.166	0.368	0.158	0.159	0.162	0.465	0.144	0.156
美国	0.109	0.113	0.136	0.131	0.131	0.166	0.158	0.157
德国	0.207	0.290	0.339	0.336	0.161	0.224	0.254	0.261
法国	0.216	0.254	0.285	0.301	0.194	0.254	0.291	0.308
英国	0.216	0.206	0.206	0.208	0.190	0.215	0.228	0.262
意大利	0.192	0.320	0.261	0.270	0.189	0.322	0.255	0.265
日本	0.097	0.208	0.197	0.204	0.068	0.237	0.174	0.172
加拿大	0.358	0.324	0.326	0.322	0.315	0.310	0.327	0.331

6.2　MRQAP 回归分析

SNA 方法可以帮助更加形象、具体地观察全球制造业贸易隐含碳网络的整体趋势和个体特征。从第 5 章的分析中可以看出,全球制造业贸易隐含碳网络正向着更为广泛、更为密集、更为集聚的方向发展,这背后离不开 GVC 分工的不断深化。各国家、地区间广泛存在的 GVC 分工意味着节点国家之间发生更多的生产分割和贸易,本身就形成了密切联系的网络。在 GVC 分工深化的过程中,更多的节点被包含在网络中,节点之间的贸易联系更为密切,因此它不仅改变了双边贸易隐含碳流量,也改变了全球贸易隐含碳网络的整体特征。

6.2.1　MRQAP 回归模型

考虑到隐含碳排放作为国与国之间的一种"关系",基于传统普通回归模型进行参数估计,假设变量之间相互独立会导致参数估计的标准差向上偏移,使测试没有意义。因此,为进一步研究全球制造业贸易隐含碳网络形成的主要影响因素,本书构建如下关系矩阵模型:

$$R = f(P, Q, S, R, T) \tag{6-6}$$

该模型运用多元回归二次分配程序 MRQAP 进行估计,这是一种非参数估计方法,不需要相互独立的假设,从而产生更稳健的结果。MRQAP 也可以像其他回归模型一样,通过以下步骤来计算回归系数:首先,将自变量矩阵和因变量矩阵转换为长向量,利用 OLS 方法计算回归系数。其次,在进行 OLS 回归之前,对因变量矩阵的行和列进行重复随机排列,记录每一轮计算的系数值和拟合优度数据。最后,将所有记录的系数值和拟合优度数据按升序排列,形成参考分布,并将初始估计的统计值与参考分布中的值进行比较,得到估计的标准误差。比较在第一步中计算出来观察到的相关系数与根据随机重排计算出来的相关系数的分布,考察相关系数是落入拒绝域还是接受域,进而对相关性做出判断。这样 MRQAP 就可以控制由于缺乏变量独立性而导致标准误差低估而产生的自相关效应。

6.2.2　变量设定与数据来源

为分析 GVC 分工对节点间隐含碳排放转移的影响,首先构造节点 GVC 地位关系网络 P,网络中的元素 $gvcpos_{ijt}$ 是 t 年 i 国和 j 国之间 GVC 的地位关系。根据 Koopman 等(2014),GVC 前向参与度指数高表明在全球价值链上游,GVC 后向参与度指数高表明在全球价值链的下游。定义 $gvcpos_{ijt} = \dfrac{IV_{ijt} - FV_{ijt}}{E_{ijt}}$,其中,$IV_{ijt}$ 是 i 国以 GVC 前向参与方式向 j 国出口产生的国内增加值,FV_{ijt} 是 i 国以 GVC 后向参与方式向 j 国出口产生的国内增加值，E_{ijt} 是 t 年 i 国向 j 国的出口总额。$gvcpos_{ijt}$ 越高，说明 i 国较 j 国的 GVC 分工地位越高。IV_{ijt}、FV_{ijt} 和 E_{ijt} 数据来自 OECD-TiVA（2018）数据库。

为了验证 GVC 分工地位对贸易隐含碳的非线性关系，引入国家间 GVC 地位关系的平方项网络 Q，网络中元素为 $gvcpos2_{ijt}$ $gvcpos2_{ijt} = gvcpos_{ijt}^2$。

根据以往关于贸易隐含碳排放的研究，规模效应、结构效应和技术效应是其重要的影响因素。为保证 MRQAP 回归质量，引入国家间出口规模关系网络 S、国家间出口结构关系网络 R 和国家间技术水平关系网络 T 作为 MRQAP 回归模型中的控制变量。国家间出口规模关系网络 S 中的元素 $scale_{ijt}$ 是 t 年 i 国和 j 国之间的制造业贸易关系。i 国和 j 国间出口结构关系网络 R 中的元素 str_{ijt} 是 t 年两国间的出口结构地位关系，以两国间的国际贸易结构水平比较来表示。$str_{ijt} = \frac{S_{it}}{E_{it}} - \frac{S_{jt}}{E_{jt}}$，其中 S_{it} 是 t 年 i 国制造业出口额，E_{it} 是 t 年 i 国全部出口额，数据来自 OECD-TiVA（2018）数据库。国家间技术水平关系网络 T 中的元素 tec_{ijt} 是 t 年 i 国和 j 国之间的技术水平关系，以两国间的能源利用强度水平比较来表示。$tec_{ijt} = IE_{it} - IE_{jt}$。其中的 IE_{it} 为 t 年 i 国的能源利用强度（GDP 单位能源消耗），数据来源为世界银行世界发展指标（the world development indicators，WDI）数据库。

表 6-8、表 6-9 和表 6-10 显示了进行 MRQAP 回归中各矩阵中的变量的基本情况。

表 6-8　2005 年 MRQAP 回归变量描述性统计

变量	变量数	均值	标准差	最小值	最大值
cei	4032	0.823	7.831	0.000	407.253
$gvcpos$	4032	−0.075	0.782	−16.083	8.276
$gvcpos2$	4032	0.955	7.976	0.001	258.663
$scale$	4032	1354.599	6748.136	0.000	187269.100
str	4032	0.000	0.256	−0.853	0.853
tec	4032	0.000	4.040	−11.591	11.591

表 6-9　2010 年 MRQAP 回归变量描述性统计

变量	变量数	均值	标准差	最小值	最大值
cei	4032	0.933	7.533	0.000	354.389
gvcpos	4032	−0.061	0.872	−18.949	8.783
gvcpos2	4032	0.763	8.074	0.000	359.065
scale	4032	1884.864	8750.559	0.000	277927.900
str	4032	0.000	0.260	−0.896	0.896
tec	4032	0.000	4.342	−14.408	14.408

表 6-10　2015 年 MRQAP 回归变量描述性统计

变量	变量数	均值	标准差	最小值	最大值
cei	4032	1.335	8.973	0.000	414.197
gvcpos	4032	3782.000	−0.065	0.820	−14.680
gvcpos2	4032	3782.000	0.676	6.738	0.000
scale	4032	2158.465	11642.150	0.000	441016.900
str	4032	0.000	0.260	−0.886	0.886
tec	4032	0.000	77.286	−365.368	365.368

6.2.3　MRQAP 回归结论

应用 UCINET 软件,设置 5000 次随机置换,分别对 2005 年、2010 年和 2015 年各矩阵间的相关关系进行验证。表 6-11 报告了回归拟合结果。概率是指随机置换产生的判定系数不小于实际观察到的判定系数的概率,为单尾检验的概率,其值 0.000 表示调整后的判定系数 R^2 在 1% 的水平上显著。

表 6-11 报告了各变量的回归系数及检验指标。概率 A 表示随机置换产生的回归系数不小于实际观察到的回归系数的概率,概率 B 表示的是随机置换产生的回归系数不大于实际观察到的回归系数的概率。

表 6-11　MRQAP 回归得到的各变量的回归系数及检验指标

年份	自变量	非标准化系数	标准化回归系数	显著性概率值	概率 A	概率 B
2005	Intercept	−0.288109	0.000000			
	P	−0.367238	−0.036173	0.029	0.972	0.029
	Q	−0.027934	−0.022615	0.028	0.972	0.028
	S	0.000810	0.697446	0.000	0.000	1.000
	R	0.376940	0.012301	0.316	0.316	0.684
	T	−0.002534	−0.001297	0.479	0.521	0.479
2010	Intercept	−0.364695	0.000000			
	P	−0.378702	−0.043275	0.011	0.990	0.011
	Q	−0.029480	−0.031201	0.010	0.990	0.010
	S	0.000685	0.795329	0.000	0.000	1.000
	R	0.494704	0.017105	0.264	0.264	0.736
	T	−0.000251	−0.000143	0.514	0.486	0.514
2015	Intercept	−0.149068	0.000000			
	P	−0.321284	−0.029014	0.017	0.983	0.017
	Q	−0.030418	−0.022575	0.024	0.977	0.024
	S	0.000686	0.890342	0.000	0.000	1.000
	R	−0.092300	−0.002672	0.418	0.582	0.418
	T	−0.000751	−0.006416	0.357	0.643	0.357

　　从方程回归系数来看，Q（GVC 地位的二次方项）系数为负，说明 GVC 地位指数同出口隐含碳存在倒 U 形关系，证实了前文 3.4 中的理论假设 1，即 GVC 分工地位同出口隐含碳存在非线性关系。一国相对于另一国 GVC 地位指数的上升会造成该国出口隐含碳的先上升再下降。即在一国 GVC 嵌入地位较低时，提升 GVC 地位，出口隐含碳会上升，而当 GVC 地位越过门槛值后，提升 GVC 分工地位会显著降低一国的出口隐含碳。其可能的原因在于，一国嵌入 GVC 初期，整体处于 GVC 较低端生产环节，这一阶段提升 GVC 分工地位，主要是从工艺升级向产品升级转变，侧重生产技术水平的提升，生产环节的分工地位并未发生本质改变。同时，与研发和销售环节相比，这一阶段碳排放水平相对较高，提升 GVC 分工地位，出口隐含碳会上升。随着一国 GVC 分工地位的不断提升，其 GVC 分工地位越过某一门槛值后，从低端生产环节攀升到价值链研发设计和品牌营销等高端环节，实现从产品升级和工艺升级向功能升级和链条升级的转变，这一阶段碳排放水平相对较低，提升 GVC 地位将

会显著降低出口隐含碳。

由此本书发现,GVC 分工下各个节点国家和地区的分工地位变化导致各类产业要素在空间上的重新配置,其结果是改变了碳排放在全球的空间格局,本书的研究假设 1 得到了验证。具体而言,在隐含碳网络中,GVC 地位关系可能通过三条路径影响到网络格局变化:一是网络关系提供信息交换,促使不同国家能够进行政策模仿学习,加快部分国家的社会化进程,从而通过发挥模范作用产生影响力;二是节点在 GVC 网络中的关系地位越高,意味着国家的能力及声誉越强,具有越大的感召力;三是在 GVC 网络中占据优势地位的国家,能够通过更多的路径影响他国的政策,拥有更多的政策杠杆工具。

6.2.4 稳健性检验

本书以替换解释变量的方法进行稳健性检验。如前文中提到的,GVC 前向参与度指数越高表明在全球价值链上游,本书构建国家间前向参与 GVC 地位关系网络 F,作为两国间 GVC 地位关系网络,F 网络中的元素 $gvcf_{ijt}$ 是 t 年 i 国和 j 国之间前向参与 GVC 地位关系。$gvcf_{ijt}=\frac{IV_{ijt}}{E_{ijt}}$,表示 t 年 i 国以 GVC 前向参与方式向 j 国出口产生的国内增加值占 i 国向 j 国总出口的比例。稳健性检验的结果如表 6-12 和表 6-13 所示。由此两表可见,2005 年、2010 年和 2015 年 Q 矩阵的回归系数均为负,且显著,多数变量的估计参数均在同一范围内波动,且显著性并未发生明显改变,可以证明前文的回归结果是稳健的。

表 6-12　MRQAP 回归稳健性检验的拟合结果

年份	R^2	调整后的 R^2	概率	样本体积
2005	0.487	0.486	0.000	3782
2010	0.633	0.633	0.000	3782
2015	0.792	0.792	0.000	3782

表 6-13　MRQAP 回归稳健性检验得到的各变量的回归系数及检验指标

年份	自变量	非标准化系数	标准化回归系数	显著性概率值	概率 A	概率 B
2005	Intercept	−0.268751	0.000000			
	P	−0.197841	−0.019507	0.048	0.952	0.048
	Q	−0.060693	−0.016896	0.031	0.969	0.031
	S	0.000810	0.697677	0.000	0.000	1.000
	R	0.375868	0.012266	0.293	0.293	0.707
	T	−0.002045	−0.001046	0.506	0.495	0.506
2010	Intercept	−0.347065	0.000000			
	P	0.108057	0.009157	0.296	0.296	0.705
	Q	−0.100460	−0.040425	0.019	0.981	0.019
	S	0.000685	0.796022	0.000	0.000	1.000
	R	0.533890	0.018460	0.244	0.244	0.756
	T	0.003952	0.002260	0.460	0.460	0.541
2015	Intercept	−0.151699	0.000000			
	P	0.161953	0.011217	0.256	0.256	0.744
	Q	−0.096400	−0.030176	0.022	0.978	0.022
	S	0.000687	0.890947	0.000	0.000	1.000
	R	−0.048096	−0.001392	0.440	0.560	0.440
	T	−0.000954	−0.008152	0.331	0.670	0.331

MRQAP 相关分析结果显示,GVC 背景下的制造业碳转移关系正在突破地理位置的限制,国际贸易和价值链分工正在成为影响全球碳转移网络的关键因素。

6.3　QR 回归分析

本书在 6.2 节中分析了 GVC 分工对制造业隐含碳整体网络的影响,本节将在微观层面考察 GVC 分工对网络中节点的影响。

6.3.1　QR 回归模型

为识别 GVC 嵌入对全球隐含碳网络中各个节点的影响程度,根据第 3 章的理论研究,一国某行业的贸易增加值境内碳排放是规模效应、结构效应、技术效应、区域价值链效应共同作用的结果,先构建基准模型：

$$\ln C_{it} = \alpha_0 + \alpha_1 \ln GVC_{it} + \alpha_2 \ln SCALE_{it} + \alpha_3 \ln STR_{it} + \alpha_4 \ln TEC_{it} +$$
$$\alpha_5 \ln X_{it} + \delta_i + \varphi_t + \varepsilon_{it} \tag{6-7}$$

模型中的被解释变量 C 为各节点国家（地区）的隐含碳排放，GVC 为全球价值链分工程度，是本书关注的核心解释变量，$SCALE$ 为规模效应，STR 为结构效应，TEC 为技术效应，X 为控制变量，ε_{it} 为误差项。本书还控制了个体固定效应 δ 和时间固定效应 φ。

绝大部分回归模型均由经典最小二乘法发展而来，着重考察解释变量 x 对解释变量 y 的条件期望 $E(y|x)$ 的影响，其本质上是均值回归，刻画的是集中趋势。在实际应用中，多数变量数据存在尖峰、肥尾及异方差等情况，不满足最小二乘法的经典假设，条件期望 $E(y|x)$ 很难反映整个条件分布全貌。为解决该问题，Koenker（2004）提出了"分位数回归"（quantile regression）。它是基于被解释变量的条件分布拟合解释变量的线性函数回归模型，该模型可以描述自变量对因变量在分布形状上的影响，尤其能捕捉分布尾部的影响关系。与最小二乘回归方法相比，分位数回归对随机误差项的分布不做任何假定，当误差项具有异方差或呈非正态分布时，参数估计量不受极端异常值的影响，得到的估计量更加稳健。个体固定效应的面板分位数模型为：

$$Q_{y_{it}}(\tau \mid \alpha_i, x_{it}) = \alpha_i + x'_{it}\beta_\tau.$$

其中，α_i 为不可观测的个体效应，$\tau \in (0,1)$，x_{it} 表示自变量，β_τ 表示模型待估计参数，i 为国家（地区），t 为年份。

$$\beta_\tau = \operatorname{argmin} \sum_{i=1}^n \rho_\tau(y_i - x'_i\beta).$$

其中，$\rho_\tau(u) = u[\tau - I(u < 0)]$ 为损失函数，$I(\cdot)$ 为指示函数，求解参数估计量的表达式如下：

$$[\hat{\beta}(\tau_k, \lambda), \{\alpha_i(\lambda)\}_{i=1}^N] = \operatorname{argmin} \sum_{k=1}^K \sum_{t=1}^T \sum_{n=1}^N w_k \rho_{\tau_k}[y_{it} - \alpha_i - x'_{it}\beta_\tau(\tau_k)]$$
$$+ \lambda \sum_{i=1}^N |\alpha_i|$$

其中，$w_k = 1/k$，控制 K 个分位数 $\{\tau_1, \cdots, \tau_k\}$ 对估计值 α_i 的影响，λ 为调节参数，ρ_{τ_k} 为惩罚函数，λ 取值为 1，建立面板分位数固定效应模型：

$$Q_\tau(\ln C_{it}) = \beta_0 + \beta_{1\tau}\ln GVC_{it} + \beta_{2\tau}\ln SCALE_{it} + \beta_{3\tau}\ln STR_{it} + \beta_{4\tau}\ln TEC_{it}$$
$$+ \beta_{5\tau}\ln X_{it} + \mu_i + \varepsilon_i \qquad (6\text{-}8)$$

6.3.2 变量及数据说明

模型中的被解释变量 C 是节点在贸易隐含碳网络中的地位。以各节点国家(地区)在全球贸易隐含碳网络中的加权出度(outdegree)代表。数据来源于本书第 4 章的计算结果。

GVC 嵌入是核心解释变量。由于 GVC 位置指数更能反映部门是从事全球价值链上游的技术研发和设计等环节,还是从事下游的加工、组装、制造等环节,本书将 GVC 位置指数(gvcpos)作为 GVC 嵌入的代理变量。数据来源于本书 6.1 节的计算结果。根据第 3 章的理论分析,GVC 分工对各节点国家和地区的碳排放既有锁定效应又有抑制效应,该项符号取决于两者之间作用力的大小。

控制变量中贸易规模(scale)用被国外所吸收的国内增加值(domestic value added, DVA)代表。主要是因为出口贸易引致的碳排放仅与各个节点自身生产活动相关(赵玉焕等,2021),根据 Wang 等(2013)的研究,DVA 可以衡量出口产品中由国内创造并最终被其他国家吸收消化的真正价值。数据来源为 2018 版 OECD-TiVA 数据库。规模效应 SCALE 表明贸易活动的增加加速了经济增长和产业活动。贸易规模将影响贸易隐含碳排放。贸易扩大了市场准入,为进一步生产提供了激励,从而产生了更多燃烧化石燃料的废物和污染。贸易中所包含的大量商品需要利用能源,这相应地增加了污染(Wang & Ang., 2018)。此外,贸易增加了自然资源的开发,以满足增加的出口需求,从而使环境恶化。预期符号为正。

经济结构(str)以各节点国家(地区)制造业中间产品出口在总出口中的比重表示,原始数据均来自 OECD-TiVA(2018)数据库。预期符号为负。

技术效应(tec)用各节点能源消耗强度表示。数据来源为 WDI 数据库。张璐和景维民(2015)指出,制造业技术的进步能够提高能源的利用效率,减少环境的污染。预期符号为负。

基于全球价值链分工的制造业碳转移排放研究

根据环境影响的 IPAT 模型[①]，本书在模型中添加人口(pop)和各国(地区)经济发展水平(gdp)作为控制变量。根据 Grossman 和 Krueger(1991)提出的 EKC 曲线，环境污染随经济增长呈现出先增后减的倒 U 形曲线特征，因此，本书中的控制变量还加入了经济发展水平二次项。经济发展水平以各节点的人均 GDP 代表，数据来源为 WDI 数据库。选择以 2010 年为基期的、美元为单位的不变价格 GDP(GDP per capita 2010 constant USD)。根据 EKC 理论，在经济增长初期，污染有所增加。预期 GDP 对二氧化碳排放有正向影响，GDP 在达到阈值收入水平时污染下降，因此预期 GDP 二次项符号为负。

人口因素以人口密度代表，即每平方公里人口数(people per sq. km of land area)。人口密度数据来自 WDI 数据库。碳排放和人口之间的关系已经被研究人员广泛研究，他们得出了一致的结论：人口增长导致碳排放增加。人口的增长导致能源、工业活动和运输部门需求的增加，从而使环境恶化。人口增长导致能源消耗增加，城市面积扩大，森林砍伐增加，最终增加环境污染和碳排放。预期符号为正。

为避免异方差，所有变量取对数后代入模型。分工地位指数存在负值，因此对其取对数之前先加 1，避免对负值取对数的问题。

综合所有数据库的数据可得情况，本节中最终选定的样本国家和地区共 50 个。[②] 这些经济体包括了所有 OECD 国家及多数东亚和东南亚国家。研究时间段为 2005—2015 年。表 6-14 显示了回归分析中各变量的统计特征。

[①] IPAT 模型，也被称为环境压力控制模型，其实质是测量人类活动对环境的输入性影响或压力。从模型可知，在其他因素不变的情况下，人口规模增加(P)、人均资源消耗程度或消费水平提升(A)，以及不断增加的提供消费品的技术(T)，都将导致环境破坏加剧。

[②] 50 个样本国家分别为澳大利亚、奥地利、比利时、加拿大、捷克、丹麦、爱沙尼亚、芬兰、法国、德国、希腊、匈牙利、爱尔兰、意大利、日本、韩国、立陶宛、拉脱维亚、卢森堡、墨西哥、荷兰、挪威、波兰、葡萄牙、斯洛伐克、斯洛文尼亚、西班牙、瑞典、瑞士、土耳其、英国、美国、巴西、文莱、保加利亚、柬埔寨、中国、克罗地亚、塞浦路斯、印度、印度尼西亚、哈萨克斯坦、马来西亚、马耳他、菲律宾、罗马尼亚、俄罗斯、新加坡、泰国、越南。

表 6-14　面板分位数回归变量描述性统计

变量	个数	平均值	标准差	最小值	最大值
outdegree	550	60.960	201.116	0.001	1676.470
gvcpos	550	−0.016	0.206	−0.587	0.421
gvcpar	550	0.635	0.073	0.375	0.799
gvc_b	550	0.320	0.110	0.128	0.620
gvc_f	550	0.323	0.133	0.098	0.759
gdp	550	26264.346	22886.156	474.111	118824.000
scale	550	139520.890	246396.650	21.300	2100000.000
str	550	0.568	0.097	0.026	0.878
tec	550	9.656	3.202	2.174	18.699
pop	550	253.594	904.414	2.655	7806.770

本书采用两种方法对模型中的主要变量进行了多重共线性检验,结果如表 6-15 和表 6-16 所示。各变量的方差膨胀因子(variance inflation factor,VIF)均小于 5,表明所建模型不受共线性问题的干扰。

表 6-15　相关系数

变量	lnoutdegree	lngvcpos	lngdp	lnpop	lnscale	lnstr	lntec
lnoutdegree	1.000	0.298***	−0.021	0.173***	0.879***	0.123***	−0.320***
lngvcpos	0.316***	1.000	−0.023	−0.437***	0.160***	0.141***	−0.080**
lngdp	−0.019	−0.016	1.000	0.037	0.247***	0.044	0.117***
lnpop	0.051	−0.525***	−0.036	1.000	0.320***	−0.301***	0.309***
lnscale	0.905***	0.181***	0.160***	0.180***	1.000	−0.062	−0.094**
lnstr	0.324***	0.093**	−0.014	−0.168***	0.289***	1.000	−0.292***
lntec	−0.257***	−0.143***	0.084**	0.450***	−0.049	−0.201***	1.000

表 6-16　方差膨胀因子

变量	VIF	1/VIF
lngdp	2.24	0.4459
lnpop	2.17	0.4617
lngvcpos	1.71	0.5856
lnscale	1.45	0.6905
lntec	1.39	0.7173
lnstr	1.22	0.8182

回归分析前先作图观察 GVC 分工与节点中心性的关系,如图 6-2 所示。图 6-2 显示,制造业隐含碳网络中的节点出度和 GVC 参与度(gvcpar)呈负相关关系,与 GVC 分工地位(gvcpos)呈正相关,但不明显。

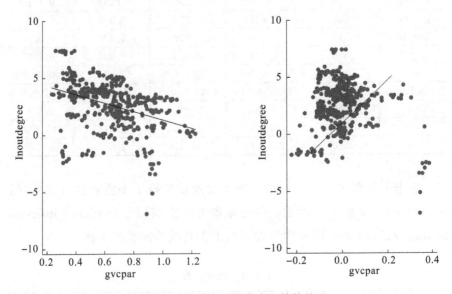

图 6-2　GVC 嵌入与节点中心性的关系

基准回归的结果验证了图 6-2 中的基本信息。首先以节点加权出度为被解释变量,GVC 分工等为解释变量进行混合 OLS、固定效应、随机效应、双固定效应的估计,结果显示 F 检验值为 21.11,F 检验的 p 值为 0.000,强烈拒绝原假设[1],认为固定效应明显优于混合回归,豪斯曼检验值为 91,p 值为 0.000,强烈拒绝原假设,应使用固定效应模型[2]。表 6-17 显示了以固定效应模型进行回归的结果。模型(1)—(4)以节点加权出度为被解释变量;模型(5)—(8)以节点加权入度为被解释变量。模型中的核心解释变量分别为节点 GVC 分工地位(gvcpos)、节点 GVC 参与度(gvcpar)、节点 GVC 前向参与度(gvc_f)、节点 GVC 后向参与度(gvc_b)。从表 6-17 中可见,gvcpos 符号为正而 gvcpar 的符号为负,这表示节点 GVC 的参与度加深会降低节点的中心性,而 GVC 分工地位的提升则可能提高节点在隐含碳网络中的中心性。

---

①　$H_o: all\ u_i = 0$。

②　$H_o: u_i$ 与 x_{it}, z_i 不相关。

表6-17　基准回归结果

变量	lnoutdegre (1)	lnoutdegre (2)	lnoutdegre (3)	lnoutdegre (4)	lnindegree (5)	lnindegree (6)	lnindegree (7)	lnindegree (8)
gvcpos	2.052** (0.800)				1.695** (0.636)			
gvcpar		−1.507*** (0.342)				−1.722*** (0.304)		
gvc_f			−0.318 (0.202)				−0.383* (0.193)	
gvc_b				−0.916*** (0.165)				−0.870*** (0.182)
lngdp	1.753* (1.033)	1.773* (0.948)	1.985** (0.964)	1.534 (0.967)	1.786*** (0.311)	1.724*** (0.331)	1.964*** (0.348)	1.545*** (0.314)
lngdp2	−0.161*** (0.0579)	−0.163*** (0.0546)	−0.177*** (0.0554)	−0.148** (0.0553)	−0.074*** (0.0181)	−0.071*** (0.0202)	−0.086*** (0.0214)	−0.059*** (0.0178)
lnpop	4.764*** (1.500)	4.695*** (1.500)	4.704*** (1.451)	4.755*** (1.507)	1.201*** (0.359)	1.124*** (0.395)	1.141*** (0.369)	1.194*** (0.372)
lnscale	1.031*** (0.229)	1.045*** (0.242)	1.032*** (0.241)	1.034*** (0.237)	−0.0137 (0.0660)	0.00473 (0.0637)	−0.0111 (0.0670)	−0.0100 (0.0646)
lnstr	0.0745* (0.0426)	0.0496 (0.0461)	0.0697 (0.0447)	0.0588 (0.0459)	0.215*** (0.0290)	0.188*** (0.0272)	0.210*** (0.0301)	0.201*** (0.0267)
lntec	−0.165 (0.649)	−0.0180 (0.626)	0.0164 (0.629)	−0.114 (0.632)	0.555*** (0.160)	0.689*** (0.156)	0.731*** (0.156)	0.591*** (0.162)
Constant	−31.31*** (8.287)	−30.55*** (8.203)	−32.61*** (7.877)	−31.69*** (8.261)	−13.43*** (1.967)	−12.20*** (2.443)	−14.57*** (2.267)	−13.65*** (2.201)
Year fixed effects	Y	Y	Y	Y	Y	Y	Y	Y
Country fixed effects	Y	Y	Y	Y	Y	Y	Y	Y
Observations	550	550	550	550	550	550	550	550
R-squared	0.278	0.291	0.272	0.300	0.340	0.426	0.342	0.418

从变量的描述性统计可以看出,被解释变量分布极不均匀。图 6-3、图 6-4展示了被解释变量分布特征。可见条件期望 E(y|x)很难反映整个条件分布全貌,因此均值回归模型很难反映其头尾数据特征。对 outdegree 和 indegree 做描述性分析,画出箱线图和 QQ 图(见图 6-3、图 6-4),样本数据的加权出度(outdegree)和加权入度(indegree)中位数较小,且有较大的离群点,QQ 图为一条曲线且不是对称的,与正态 QQ 线相差较大,综合来说,样本数据中被解释变量节点中心性并不满足正态分布,而分位数回归模型对数据的分布没有要求,因此本书采用分位数回归模型进一步分析样本数据。

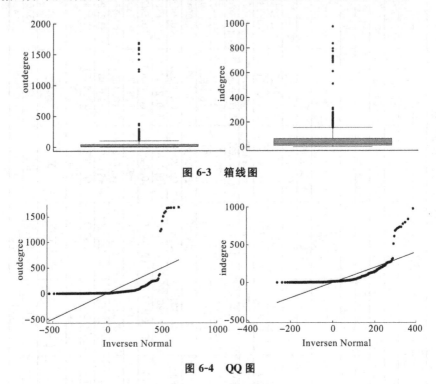

图 6-3　箱线图

图 6-4　QQ 图

6.3.3　GVC 嵌入对节点中心性的影响

通过 Stata 15 计量软件进行面板分位数回归,所得结果如表 6-18 所示。分位点选择越多,所得到的信息越全面。模型(1)到(5)分别估计了 GVC 嵌入对节点加权出度 5 个具有代表性的分位点(0.1、0.3、0.5、0.7、0.9)的回归分析结果。模型(6)到(10)分别估计了 GVC 分工地位对节点加权出度的影响。估计中使用面板数据的 Bootstrap 方法估计系数的标准误差。

表6-18 GVC分工对节点中心性的影响

变量	(1) q10	(2) q30	(3) q50	(4) q70	(5) q90	(6) q10	(7) q30	(8) q50	(9) q70	(10) q90
gvcpar	-1.296***	-0.831***	-1.012***	-1.264***	-1.791***					
	(0.254)	(0.170)	(0.178)	(0.204)	(0.511)					
gvcpos						-0.560	-0.158	-0.0882	1.779***	1.671**
						(0.514)	(0.636)	(0.823)	(0.592)	(0.687)
lngdp	4.460***	1.324	0.424	0.606	1.041	2.728***	1.635	0.405	1.156***	1.173*
	(0.862)	(1.118)	(0.573)	(0.456)	(0.712)	(0.774)	(1.058)	(0.485)	(0.389)	(0.653)
lngdp2	-0.247***	-0.0796	-0.0335	-0.0431*	-0.0628	-0.159*	-0.101*	-0.0384	-0.0780***	-0.0859***
	(0.0468)	(0.0582)	(0.0304)	(0.0249)	(0.0402)	(0.0430)	(0.0548)	(0.0256)	(0.0198)	(0.0340)
lnpop	0.0657*	-0.00247	0.0155	0.0706**	0.0879**	-0.00527	-0.0567**	-0.00610	-0.0500	-0.0698*
	(0.0391)	(0.0279)	(0.0288)	(0.0287)	(0.0395)	(0.0417)	(0.0258)	(0.0357)	(0.0327)	(0.0355)
lnscale	1.049***	1.047***	0.960***	0.886***	0.749***	1.110***	1.086***	1.026***	0.958***	0.939***
	(0.0270)	(0.0331)	(0.0289)	(0.0383)	(0.0609)	(0.0248)	(0.0232)	(0.0359)	(0.0223)	(0.0361)
lnstr	0.862	1.047	0.701	0.712	0.166	1.790**	1.179	0.641	0.0640	0.133
	(0.807)	(0.747)	(0.687)	(0.585)	(0.297)	(0.824)	(0.783)	(0.749)	(0.349)	(0.363)
lntec	-0.923***	-1.073***	-1.097***	-1.353***	-1.548***	-0.755***	-0.835***	-1.057***	-1.202***	-0.930***
	(0.172)	(0.183)	(0.181)	(0.194)	(0.199)	(0.154)	(0.198)	(0.166)	(0.135)	(0.223)
Constant	-26.08***	-10.74**	-5.332*	-4.613*	-4.708	-18.61***	-12.90**	-6.093**	-8.299***	-7.620**
	(4.195)	(5.427)	(2.752)	(2.295)	(3.301)	(3.831)	(5.166)	(2.282)	(1.775)	(3.018)
pseudo R^2	0.8075	0.7530	0.7257	0.6916	0.6563	0.7936	0.7409	0.7061	0.6810	0.6546
F检验	1.45					3.92***				

注:"*""**""***"分别表示变量在10%、5%、1%的水平下通过显著性检验;括号里的数值为变量的 t 检验值。pseudo R^2 代表分位数回归的内拟合优度。

图 6-5、图 6-6 描述了在不同分位数水平下的回归模型系数的置信区间。深色虚线表示均值回归模型中各系数的估计值,实线表示分位数系数的水平。灰色区域表示系数的 95% 置信区间,实线两侧的浅色虚线之间为均值回归模型中系数的 95% 置信区间。图 6-5 中横坐标为各个节点贸易隐含碳加权出度的分位数,分位数从 0 到 1 等距变化。纵坐标为不同分位数回归的系数,它表示一个单位 GVC 变化带来多大的隐含碳网络节点中心度变化。

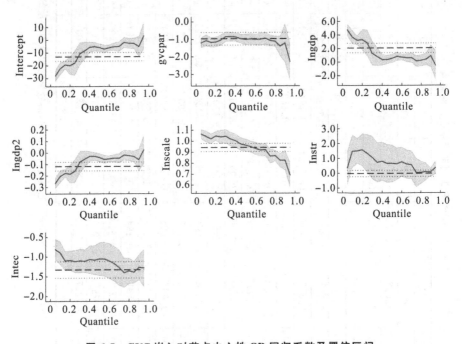

图 6-5　GVC 嵌入对节点中心性 QR 回归系数及置信区间

从图 6-5、图 6-6 可以清楚地看出,均值回归模型在不同的贸易隐含碳排放分布上是固定的。但是,实线的分位数回归在贸易隐含碳排放分布的每个分位数水平上都是不同的。图 6-5 中第一行第二列小图显示了随着分位数的变化,GVC 分位数回归系数的变化趋势。此图基本验证了在前面的表格中,GVC 的分位数回归系数不断上升的格局。同时,系数的置信区间变宽说明系数估计值的标准差在逐渐变大,系数估计值的波动性在增强,各系数的估计值基本不在均值

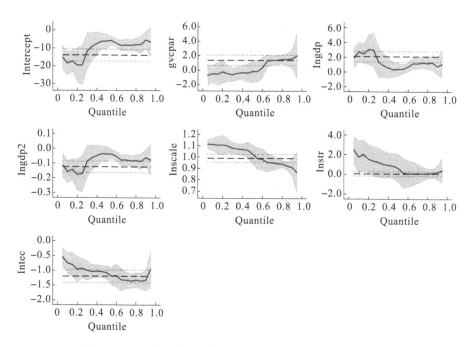

图 6-6　GVC 分工地位对节点中心性 QR 回归系数及置信区间

回归模型的系数置信区间之内,尤其是低分位数和高分位数上,差别较大,这也进一步说明了分位数回归模型可以更好地解释变量间的关系。

上述分位数回归的结果说明,在各个节点中心分布的不同位置(不同分位数),GVC 对其的影响是不同的。

由表 6-18 可见,GVC 嵌入对隐含碳网络节点加权出度的影响为负,且呈现不断提高的趋势。也就是说,某节点贸易隐含碳规模相对较小的阶段,如 q10,GVC 嵌入的加深对加权出度的影响系数为−1.296,q90 分位,该系数已经增加到−1.791。通过嵌入 GVC,节点隐含碳排放规模会减少,降低其节点中心性,这对那些本身隐含碳排放规模较大的节点更为明显。这意味着某节点 GVC 分工地位提高,会加大对其他节点污染产品的进口来代替本国生产。从传统资源消耗来看,由于全球价值链高端环节主要进行高技术中间产品和服务的出口及营销、设计等活动,其产品的附加值较高且能源消耗较少,而全球价值链低端环节主要从事产品的加工组装和生产制造等活动,需要消耗大量的传统资源。传统资源消耗的同时也意味着贸易中隐含的碳排放增加。因此进一步发展国际贸易,深度融入全球价值链,将倒逼企业向上游迈进,促使企业转型,有助于减少出口贸易隐含碳。新兴经济体和发展中国家应该借助全球价值链发展契机,通过融入全球生产分工体系分享经济全球化红利。

下面按人均 GDP 水平将样本国家分成发达经济体、新兴经济体和发展中国家,并进行分组估计。人均 GDP 来自 WDI 数据库。根据世界银行的划分标准,将美国等高收入国家和地区划分为发达经济体,中国、印度等国家和地区被列入新兴经济体和发展中国家。

如表 6-19 所示,无论是对发达经济体还是发展中国家来说,GVC 嵌入程度提高,其在隐含碳网络中的中心性就会降低,这意味着通过国际价值链分工,各国(地区)的隐含碳排放会降低。

表 6-19　GVC 参与度对不同收入节点影响的 QR 回归结果

分组	VARIABLES	(1)	(2)	(3)	(4)	(5)
		q10	q30	q50	q70	q90
新兴经济体和发展中国家	gvcpar	−1.195***	−1.031***	−0.725	−1.462**	−2.295***
		(−0.175)	(−0.294)	(−0.632)	(−0.653)	(−0.675)
	Observations	253	253	253	253	253
发达经济体	Observations	−1.112***	−1.160***	−1.274***	−1.275***	−1.640***
		(−0.364)	(−0.172)	(−0.157)	(−0.142)	(−0.468)
		297	297	297	297	297

由此看出,总的来说,GVC 嵌入对节点中心性的影响为负,GVC 嵌入程度的提高一方面增加了节点间的联系,另一方面又会通过刺激创新等方式降低节点的隐含碳排放规模。这与其他学者的研究结论有相似之处,例如,Liu 和 Zhao(2020)的研究结论表明,全球价值链参与度对隐含碳排放强度具有显著的负向影响,Wang 等(2020)发现中国已经越过临界点,全球价值链的生产长度对能源强度有负向影响。

　　然而,与以往文献的研究结论不同,本书发现 GVC 分工地位的提高并未降低节点在网络的加权出度,也就是说,一国 GVC 分工地位的提升没有明显地降低一国出口隐含碳。相反地,对于那些节点加权度本身很高的国家或地区来说,GVC 地位的提高增加了其网络加权出度。例如在 q90 分位点上,回归系数达到了 1.671。这意味着 GVC 分工地位的提高增加了这些节点的隐含碳排放。

　　理论上认为 GVC 地位较高,说明该国或者行业处在全球价值链的上游,从事研发、设计等生产环节,碳排放规模较低;GVC 地位较低,则说明该国或者行业处于加工、组装、生产制造等生产环节,碳排放规模较高。例如潘安(2017)对价值链分工对中国贸易隐含碳影响的研究认为,尽管中国整体 GVC 地位有所提高,但较低的分工地位会使中国产生较高的贸易隐含碳排放,且随着参与 GVC 地位逐渐深入,贸易隐含碳排放规模也会随之扩大。但整体上关于全球价值链嵌入地位和碳排放的关系目前并没有权威的统一结论,这主要取决于一国或地区所处的经济发展阶段(孙华平和杜秀梅,2020)。如果节点国家(地区)经济发展水平较低,那么嵌入 GVC 可能会扩大隐含碳。谢会强等(2018)认为这时提升 GVC 地位主要依靠出口结构的升级,产品出口由劳动密集型转为资本密集型和技术密集型出口,但其自主研发水平没有实质提升,生产模式依然是加工组装环节,因此碳排放规模依然会扩大。从前文分析可知,度数中心度来看,2000 年与 2015 年出度中心度排名前 10 的国家多数为发展中国家,其中中国、印度、俄罗斯、南非等金砖国家一直占据前几名位置,这些国家也正是处于高分位的节点。因此对这些隐含碳排放大国来说,仅依靠劳动和资源优势的嵌入方式使它们多数处于价值链中低端。这些节点国家从较低端的价值链环节升级到加工、制造等活动,但这些活动技术水平不高,能源利用率偏低,导致出口产品的单位增加值碳排放量依然较高。另外,可能的原因是碳排放高的企业难以达到对上游企业的高标准要求,其自身价值链升级过程会比较漫长,严重的是使本国产业由于发达国家跨国公司的“低端锁定”效应而被束缚在一些低附加值、高污染的全球价值链生产环节,加剧了贸易隐含碳排放。

　　将样本按收入分组得到的回归结果(见表 6-20)进一步证实,GVC 分工地位变化加大了发展中国家和新兴经济体的碳排放而减少了发达经济体的碳排放。由此证实了研究假设 2：GVC 分工倾向于强化各节点国家（地区）在隐含碳网络上的不对称性。

表 6-20　GVC 分工地位变化对不同收入节点影响的 QR 回归结果

分组	VARIABLES	(1) q10	(2) q30	(3) q50	(4) q70	(5) q90
新兴经济体和发展中国家	gvcpos	3.068***	3.208***	2.859**	2.678**	3.164
		(0.715)	(0.855)	(1.257)	(1.328)	(1.942)
	Observations	253	253	253	253	253
发达经济体	gvcpos	−0.943	−2.371***	−2.695***	−2.335***	−0.382
		(−0.829)	(−0.816)	(−0.831)	(−0.831)	(−1.773)
	Observations	297	297	297	297	297

人均产出的平方项结果显著为负，在多数分位点，人均 GDP 与节点中心性之间都呈现 U 形曲线。低收入国家可能更多地依赖于污染密集的工业，导致了碳的排放增加。贸易规模和人口的系数始终为正，表明贸易规模的扩张及人口增加将加速能源的消耗，造成出口贸易隐含碳增长。

技术进步的系数始终为负，表明技术进步对出口贸易隐含碳存在抑制作用，当技术进步主要体现在提高企业生产效率时，会大大降低出口贸易隐含碳排放。作为经济高质量发展一项重要内容的绿色发展及生态环境保护，越来越取决于制造业技术进步带动下的绿色技术发展。制造业的技术进步不仅能不断解决自身发展中的环境污染问题，而且能通过与上下游联动带动其他产业部门的技术改造、产业升级，减少环境污染，从而有助于节点摆脱网络锁定。

贸易结构的系数在低分位点为正且显著，在高分位点不显著。本书认为其原因可能是中间产品贸易在隐含碳转移中的作用较难确定。一方面这部分的隐含碳可能会随着国外最终产品回到国内消费，另一方面可能在全球生产链中用于不同国家的序贯生产，进而造成国别层面的"测不准"（肖皓等，2016）。

6.3.4　不同嵌入方式对节点中心性的影响

本部分将分别考察两种 GVC 参与方式对节点中心性的影响效应与演化路径。

图 6-7 和图 6-8 分别显示了前向参与度和后向参与度对节点加权出度和加权入度的影响。总的看来,前向参与度和后向参与度与节点中心性均为负向相关。

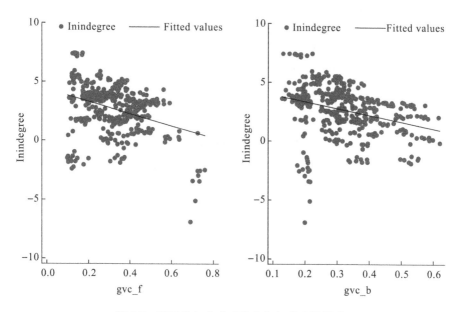

图 6-7　不同参与方式对节点加权出度的影响

首先进行基准回归。表 6-21 显示了以 GVC 前向参与度(gvc_f)和 GVC 后向参与度(gvc_b)为核心解释变量的固定效应模型回归结果。模型(1)、(2)的被解释变量为节点加权出度,模型(3)、(4)的被解释变量为节点加权入度。可见前向参与度对节点的加权出度影响不显著,但后向参与度可以大大降低节点加权出度。此外,无论是前向参与方式还是后向参与方式都会显著降低节点的加权入度。

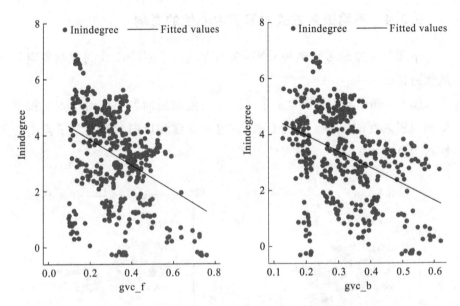

图 6-8 不同参与方式对节点加权入度的影响

表 6-21 不同嵌入方式对节点中心性的影响

VARIABLES	(1)	(2)	(3)	(4)
	lnoutdegree	lnoutdegree	lnindegree	lnindegree
gvc_f	−0.886		−1.360**	
	(−0.704)		(−0.659)	
gvc_b		−3.045***		−3.190***
		(−0.431)		(−0.425)
lngdp	2.027**	1.490	2.017***	1.451***
	(0.996)	(0.965)	(0.351)	(0.295)
lngdp2	−0.179***	−0.145**	−0.0895***	−0.0537***
	(−0.0567)	(−0.0552)	(−0.0215)	(−0.0169)
lnpop	4.718***	4.690***	1.153***	1.125***
	(1.456)	(1.517)	(0.375)	(0.384)
lnscale	1.032***	1.051***	−0.00890	0.00873
	(0.242)	(0.232)	(−0.0673)	(0.0647)

续表

VARIABLES	(1)	(2)	(3)	(4)
	lnoutdegree	lnoutdegree	lnindegree	lnindegree
lnstr	0.0650	0.0566	0.202***	0.197***
	(0.0443)	(0.0453)	(0.0304)	(0.0253)
lntec	−0.0122	−0.123	0.711***	0.575***
	(0.635)	(0.633)	(0.150)	(0.173)
Constant	−32.13***	−29.31***	−13.92***	−11.07***
	(−8.059)	(−8.312)	(−2.424)	(−2.098)
Observations	550	550	550	550
R-squared	0.269	0.304	0.340	0.457

表 6-22 给出了 GVC 前向参与度对节点中心性影响的分位数回归结果。从模型运行结果看,在不同分位点上,伴随着 GVC 前向参与度的不断提高,节点中心性逐渐降低,到了 q90 分位,前向参与度的影响不显著。一般认为前向参与度越高表明该国家(地区)价值链分工地位越高,前向参与度的提高将使用更多的国产品替代进口品,会降低碳排放强度,从而降低节点在隐含碳网络中的加权出度。但正如前文提到的,节点加权出度本身很高的发展中国家由于技术水平的差距,国产中间品的能耗水平相对高于进口品,因而可能带来更多的碳排放,因此前向参与度的提高对其节点中心性的影响不显著。

表 6-23 为 GVC 不同嵌入方式对节点加权入度影响的分位数回归结果。从模型运行结果看,GVC 前向参与度、后向参与度对节点中心性影响都为负。同时节点分位数越高,系数越大越显著。通过嵌入全球价值链网络,节点可以获得价值链的种种收益,包括廉价高质的进口投入品、协调高效的信息及物流基础设施,这些投入品可以大大降低本国企业的隐含碳排放,相应地,其节点中心性也会降低。

表 6-22 不同嵌入方式对节点加权出度的 QR 回归结果

VARIABLES	(1) q10	(2) q30	(3) q50	(4) q70	(5) q90	(6) q10	(7) q30	(8) q50	(9) q70	(10) q90
gvc_f	-1.934*** (-0.415)	-1.317*** (-0.347)	-1.305*** (-0.301)	-1.040** (-0.497)	-0.264 (-0.881)					
gvc_b						-1.564*** (-0.545)	-2.371*** (-0.325)	-2.511*** (-0.387)	-2.689*** (-0.313)	(-0.813)
lngdp	3.266*** (0.772)	1.070 (0.986)	0.402 (0.534)	0.366 (0.492)	0.938 (0.685)	3.902*** (0.957)	1.191 (1.023)	0.787 (0.570)	0.678 (0.439)	0.524 (0.692)
lngdp2	-0.181*** (-0.0415)	-0.0669 (-0.0509)	-0.0340 (-0.0282)	-0.0344 (-0.0265)	-0.0647* (-0.0365)	-0.219*** (-0.0524)	-0.0714 (-0.0531)	-0.0516* (-0.0302)	-0.0484** (-0.0225)	-0.0422 (-0.0369)
lnpop	0.00594 (0.0310)	0.00914 (0.0301)	0.0281 (0.0302)	0.00732 (0.0530)	0.0243 (0.0634)	0.0471 (0.0430)	-0.00547 (0.0242)	0.00970 (0.0212)	0.0142 (0.0170)	-0.0184 (0.0512)
lnscale	1.075*** (0.0264)	1.030*** (0.0270)	0.978*** (0.0227)	0.932*** (0.0287)	0.862*** (0.0792)	1.056*** (0.0348)	1.031*** (0.0297)	0.926*** (0.0331)	0.905*** (0.0238)	0.842*** (0.0659)
lnstr	1.819** (0.762)	0.857 (0.709)	0.731 (0.709)	0.342 (0.723)	0.0776 (0.396)	1.351* (0.816)	1.000 (0.735)	0.660 (0.508)	0.126 (0.370)	0.243 (0.298)
lntec	-0.938*** (-0.199)	-1.161*** (-0.189)	-1.197*** (-0.158)	-1.443*** (-0.201)	-1.379*** (-0.256)	-0.845*** (-0.180)	-0.991*** (-0.179)	-1.079*** (-0.163)	-1.249*** (-0.145)	-1.229*** (-0.210)
Constant	-20.42*** (-3.693)	-9.379* (-4.880)	-5.311** (-2.567)	-3.839* (-2.316)	-5.869** (-2.962)	-23.52*** (-4.521)	-10.30** (-5.015)	-6.624** (-2.748)	-5.314** (-2.166)	-3.140 (-3.097)
Observations	550					550				
pseudo R^2	0.8076	0.7522	0.7198	0.6713	0.6336	0.7992	0.7504	0.7292	0.7046	0.6736

表 6-23 不同嵌入方式对节点加权入度的影响

VARIABLES	(1) q10	(2) q30	(3) q50	(4) q70	(5) q90	(6) q10	(7) q30	(8) q50	(9) q70	(10) q90
gvc_f	−2.271***	−2.726***	−2.964***	−2.749***	−1.855***					
	(−0.558)	(−0.338)	(−0.298)	(−0.384)	(−0.591)					
gvc_b						−2.115***	−2.319***	−3.022***	−3.371***	−4.657***
						(−0.465)	(−0.419)	(−0.402)	(−0.429)	(−0.386)
lngdp	−0.152	−0.0721	−0.700**	−0.464	−0.184	−0.0133	0.393*	0.265	0.185	0.696
	(−0.334)	(−0.353)	(−0.325)	(−0.334)	(−0.703)	(−0.294)	(0.229)	(0.296)	(0.402)	(0.446)
lngdp2	0.00712	0.00449	0.0387**	0.0275	0.0136	−0.00454	−0.0246**	−0.0147	−0.00786	−0.0291
	(0.0176)	(0.0189)	(0.0175)	(0.0186)	(0.0393)	(−0.0158)	(0.0124)	(0.0160)	(0.0223)	(0.0239)
lnpop	−0.0402	−0.0264	−0.0565**	−0.0292	−0.0593	−0.0936***	−0.0964***	−0.0865**	−0.0605*	−0.00668
	(0.0797)	(−0.0334)	(0.0269)	(−0.0258)	(−0.0505)	(−0.0309)	(0.0250)	(−0.0339)	(−0.0312)	(−0.0370)
lnscale	0.837***	0.889***	0.860***	0.801***	0.718***	0.774***	0.855***	0.836***	0.796***	0.697***
	(0.0526)	(0.0231)	(0.0194)	(0.0296)	(0.0955)	(0.0431)	(0.0258)	(0.0275)	(0.0357)	(0.0450)
lnstr	−0.256	−0.572	−0.749*	−0.792*	−0.585	−0.315	−0.544***	−0.589***	−0.502	−0.919**
	(−0.399)	(−0.360)	(−0.454)	(−0.432)	(−0.384)	(−0.325)	(−0.158)	(−0.130)	(−0.308)	(−0.364)
lntec	−0.391	−0.611***	−0.635***	−0.667***	−0.608**	0.170	−0.369**	−0.402**	−0.297*	−0.534***
	(−0.278)	(−0.160)	(−0.143)	(−0.168)	(−0.231)	(0.171)	(−0.148)	(−0.153)	(−0.168)	(−0.174)
Constant	−4.011**	−4.409**	−0.937	−1.437	−1.615	−4.676***	−6.063***	−5.155***	−4.543***	−5.530***
	(−1.594)	(−1.756)	(−1.548)	(−1.588)	(−3.607)	(−1.364)	(−1.035)	(−1.387)	(−1.765)	(−2.114)
Observations	550					550				
pseudo R^2	0.7417	0.7399	0.7123	0.6667	0.5789	0.7491	0.7402	0.7218	0.6968	0.6681

基于全球价值链分工的制造业碳转移排放研究

将样本按收入进行分组得到的回归结果见表 6-24。总的来说,在考虑了国家组别差异后,位于 GVC 下游的发展中国家获得 GVC 对其节点中心性的影响要高于发达国家。尤其是后向参与度对高分位点发展中国家节点出度影响差异更加突出,前向参与度影响不显著。

表 6-24 GVC 嵌入方式对不同收入节点影响的 QR 回归结果

VARIABLES		(1) q10	(2) q30	(3) q50	(4) q70	(5) q90
新兴经济体和发展中国家	gvc_f	−1.544**	−0.535	0.271	−0.304	−0.732
		(−0.749)	(−0.606)	(0.878)	(−1.126)	(−1.099)
	Observations	225	225	225	225	225
	gvc_b	−2.084***	−1.883***	−2.367**	−3.703***	−4.236***
		(−0.230)	(−0.397)	(−0.924)	(−0.987)	(−1.220)
	Observations	253	253	253	253	253
发达经济体	gvc_f	−2.366***	−2.807***	−2.643***	−2.607***	−3.150***
		(−0.361)	(−0.408)	(−0.344)	(−0.299)	(−0.730)
	Observations	225	225	225	225	225
	gvc_b	−0.147	−1.192**	−1.799***	−2.314***	−3.452***
		(−0.422)	(−0.493)	(−0.315)	(−0.334)	(−0.817)
	Observations	297	297	297	297	297

GVC 前向参与方式对发展中国家节点加权度数的影响不显著,说明以前向参与度方式嵌入全球价值链在研究期内不能有效降低这类国家的出口隐含碳排放量。相反,GVC 后向参与度对发展中国家节点加权度数的影响显著。此时 GVC 嵌入的碳排放抑制效应大于锁定效应,那么其隐含碳排放规模会降低,节点加权出度相应降低,其减排效果明显。两种参与方式对发达经济体的影响都显著。由此可见,对发展中国家和新兴经济体来说,本身前向参与度低,价值链分工地位不高,当前通过 GVC 嵌入减少碳排放仍然是通过后向参与方式实现的。可见隐含碳排放规模较大的发展中国家可以利用其在网络中较强的回旋余地和调控能力,深入推进制造业技术进步和产业升级,提高 GVC 的前向参与度,有可能更好地解决污染排放问题,提升制造业绿色发展水平。

由此我们证实了本书的假设 3:不同的嵌入方式对隐含碳节点的影响存在差异。发达经济体和新兴经济体在网络中的表现具有异质性。部分新兴经济体和发展中国家尽管在全球价值链上的嵌入程度较高,却无法在网络中具备控制核心资源的能力,表现为其节点 GVC 上游度的提高不能显著地降低其节点中心度。而对于发达经济体而言,无论是 GVC 的前向参与度还是后向参与度的改变都会促使其隐含碳强度降低,节点中心度都会降低。

6.3.5　稳健性检验

本书应用两种方法进行稳健性检验。首先采用替代解释变量的方法进行稳健性检验。借鉴 Koopman 等(2014)的研究,对各个国家(地区)的 GVC 地位指数重新进行了测度,GVC 分工参与度指数 GVCparticipation 和 GVC 地位指数 GVCposition 的计算,如式(6-9)和式(6-10)所示。

$$GVCparticipation_{si} = \frac{IV_{si}}{E_{si}} + \frac{FV_{si}}{E_{si}} \tag{6-9}$$

$$GVCposition_{si} = \ln\left(1 + \frac{IV_{si}}{E_{si}}\right) - \ln\left(1 + \frac{FV_{si}}{E_{si}}\right) \tag{6-10}$$

IV^{is} 表示 s 国 i 产业间接附加值出口(indirect domestic value added content of exports),该指标衡量的是有多少价值增值被包含在 s 国 i 产业的中间品出口并经一国加工后又出口给第三国。$\frac{IV^{is}}{E^{is}}$ 又称 GVC 前向参与度指数,表示 s 国 i 产业出口的中间产品被进口国用于生产最终产品并出口到第三国的比例,$\frac{IV^{is}}{E^{is}}$ 越大,说明行业的自主增值能力越强,在全球价值链上 s 国就越处于价值链的上游。FV^{is} 表示一国出口中来自国外的增加值部分(foreign value added content of gross exports)。$\frac{FV^{is}}{E^{is}}$ 又称 GVC 后向参与度指数,该指数越高,表明在全球价值链上 s 国就越处于价值链的下游。[1]

以上指标的测算需要 IV、FV 及 E 的数据。本书中的这些数据来自 OECD-TiVA(2018)数据库。其提供了 2005—2016 年 64 个经济体(包括所有 OECD 国家、欧盟和 G20 及多数东亚和东南亚国家)的贸易增加值

---

[1]　此处的 GVC 前向参与度和后向参与度与 4.1.2 中的前向参与度和后向参与度不同,该测度方法主要从贸易的角度进行测度,而前者是从生产的角度测度。

数据,*FV* 及 *E* 在该数据库中可以直接得到,*IV* 取值参考李晓华等(2019)的方法,以 OECD-TiVA 数据库中的 IDC(间接增加值出口)近似替代。将 OECD-TiVA 数据库中的历年 IDC 作为 *GVC_new* 指标带入面板分位数回归,可以得到表 6-25。可以看出,尽管具体的系数有一定的变化,但是系数符号的变化趋势没有发生实质性改变。

从表 6-25 的检验结果来看,采用两种稳健性检验的面板分位数回归中核心解释变量的系数与前文的回归系数虽有一定的差异,但系数的正负方向及显著性没有发生实质性改变,说明回归结果是稳健的。

表 6-25　面板分位数回归稳健性检验

VARIABLES	(1) lnoutdegree	(2) lnoutdegree	(3) lnoutdegree	(4) lnoutdegree
gvcposnew	2.067*			
	(1.069)			
gvcparnew		−1.775*		
		(−0.952)		
lngvcfnew			0.980	
			(0.649)	
lngvcbnew				−0.823**
				(−0.340)
lngdp	1.505	1.628*	1.754*	1.406
	(0.989)	(0.950)	(0.978)	(0.979)
lngdp2	−0.156***	−0.149***	−0.166***	−0.148***
	(−0.0568)	(−0.0549)	(−0.0577)	(−0.0552)
lnpop	4.590***	4.710***	4.507***	4.585***
	(0.972)	(1.062)	(0.903)	(0.995)
lnscale	1.117***	0.953***	1.025***	1.086***
	(0.225)	(0.198)	(0.220)	(0.217)
lnstr	−0.0119	0.135*	−0.123	0.0850*
	(−0.0525)	(0.0745)	(−0.119)	(0.0498)
lntec	0.121	0.0597	0.219	0.0939
	(0.440)	(0.477)	(0.405)	(0.458)
Constant	−29.38***	−28.70***	−28.63***	−29.76***
	(−6.605)	(−6.917)	(−6.182)	(−6.623)
Observations	550	550	550	550
R-squared	0.288	0.263	0.285	0.282

6.4　本章小结

本章首先利用 Wang 等(2017)提出的 GVC 地位指数、GVC 参与度指数及前向参与度和后向参与度指标,对世界各国制造业 GVC 分工水平进行了测度。研究发现,研究期内全球价值链分工进一步深化,多数国家(地区)的 GVC 分工地位指数都有所提升。以 G7 为代表的发达经济体的 GVC 制造业分工地位高于新兴经济体和发展中国家,但研究期内发达经济体的 GVC 分工地位指数有所下降,而新兴经济体和发展中国家 GVC 分工地位指数上升。GVC 前向参与度衡量由全球价值链生产和贸易活动产生的国内增加值占整个部门增加值(GDP)的份额。一国基于前向关联的 GVC 参与度越高,表明该国更多的是以提供中间产品方式参与全球价值链分工,在全球价值链分工中处于相对高端环节。GVC 后向参与度衡量一个国家的最终产品生产中由涉及跨国生产分享活动的国内和国外因素所贡献的百分比。GVC 后向参与度越高,表明该国更多的是进口其他国家的中间品进行生产加工,在全球价值链分工中处于相对低端环节。研究发现,对于中国和印度等发展中国家来说,其制造业的 GVC 后向参与度要高于前向参与度;而多数发达经济体的 GVC 前向参与度要高于后向参与度。

本章从网络整体和节点个体两个方面考察了 GVC 分工对制造业隐含碳的影响。本章的 6.2 节利用 MRQAP 模型验证了 GVC 分工网络和全球制造业隐含碳网络之间的关系,证实了 3.4 节中的研究假设 1;6.3 节证实了研究假设 2 和假设 3。在 GVC 分工深化的过程中,更多的节点被包含在网络中,节点之间的贸易联系更为密切。GVC 分工不仅改变了双边隐含碳流量,也改变了全球贸易隐含碳网络的整体特征。研究发现,GVC 地位的二次方项系数显著为负,说明 GVC 地位同出口隐含碳存在非线性关系。一国相对于另一国 GVC 地位指数的上升会造成该国出口隐含碳的先上升、再下降。即在一国 GVC 嵌入地位较低时,提升 GVC 地位,出口隐含碳会上升,而当 GVC 地位越过门槛值后,提升 GVC 分工地位会显著降低一国的出口隐含碳。

　　本章的 6.3 节运用面板分位数回归模型考察了 GVC 分工对度数中心度的影响。回归结果显示,GVC 分工、经济发展水平、人口、贸易规模、贸易结构、技术水平都能够直接作用于隐含碳排放,从而改变节点中心性。GVC 嵌入对隐含碳网络节点加权出度的影响为负,且呈现不断提高的趋势。GVC 分工地位没有明显地降低一国出口隐含碳。相反地,对于那些节点加权度本身很高的国家或地区来说,GVC 地位的提高增加了其网络加权出度。GVC 前向参与度对节点的加权出度影响不显著,但后向参与度可以大大降低节点加权出度;无论是前向参与方式还是后向参与方式都会显著降低节点的加权入度。

　　在考虑了国家组别差异后,位于 GVC 下游的新兴经济体和发展中国家获得 GVC 对其节点中心性的影响要高于发达经济体。尤其是后向参与度对高分位点新兴经济体和发展中国家不同分位点节点出度影响差异更加突出,前向参与度影响不显著。

第7章 中国制造业碳转移发展现状与趋势

7.1 中国制造业碳转移规模

表 7-1 显示了 1995 年到 2018 年中国各年总体的出口隐含碳、进口隐含碳及制造业的出口隐含碳、进口隐含碳排放水平。研究期内,中国各行业尤其是制造业承接的国际贸易碳转移排放呈现不断提高的趋势。中国对外贸易出口隐含碳规模增长了 3.4 倍,进口隐含碳规模增长了 7.9 倍。同期,制造业出口隐含碳规模增长了 4.14 倍,进口隐含碳规模增长了 5.47 倍。

表 7-1 历年中国制造业对外贸易隐含碳排放规模

单位:Mt

年份	出口隐含碳	进口隐含碳	制造业出口隐含碳	制造业进口隐含碳	年份	出口隐含碳	进口隐含碳	制造业出口隐含碳	制造业进口隐含碳
1995	442.5	117.1	330.5	85.2	2007	1969.3	494.5	1683.1	309.4
1996	458.6	124.4	330.7	88.5	2008	1989.5	581.9	1712.6	365.4
1997	499.8	137.5	401.9	96.4	2009	1605.6	527.7	1369.1	303.7
1998	541.2	141.7	447.6	98.1	2010	1918.3	637.7	1644.6	378.3
1999	509.1	165.7	415.1	116.5	2011	2020.4	795.0	1734.8	470.3
2000	616.8	217.6	497.0	153.6	2012	2060.4	842.9	1795.2	490.1
2001	612.1	237.8	493.4	167.3	2013	2038.9	894.1	1771.9	513.2
2002	700.4	269.7	555.6	192.4	2014	2041.1	961.4	1775.4	532.0
2003	986.1	343.3	821.8	240.5	2015	1958.0	1022.5	1687.4	577.6
2004	1342.1	407.5	1120.8	275.7	2016	1805.1	921.4	1559.8	486.9
2005	1691.2	451.1	1429.1	304.6	2017	1926.0	969.0	1685.2	505.5
2006	1866.3	446.0	1584.6	286.4	2018	1948.0	1040.2	1699.4	551.4

数据来源:OECD STAN 数据库。

从计算结果来看,中国对外贸易隐含碳存在持续的净转出,已经成为世界主要的碳转移排放目的地。中国出口隐含碳规模 1995 年为 442.5 Mt,2018 年为 1948.0 Mt,年均增长 7.31%。进口隐含碳规模 1995 年为 117.1 Mt,2018 年为 1040.2 Mt,年均增长 11.0%。1994 年到 2012 年,除了 1999 年受世界金融危机影响,国外市场需求低迷,出口困难,对外贸易出现负增长,因此出口隐含碳下降明显外,其他年份出口隐含碳排放水平逐年增加。2012 年以后,进出口隐含碳排放规模都出现小幅下降趋势,可能得益于国内节能减排措施的加强。

净隐含碳排放量的变化趋势与出口隐含碳基本同步,由 1995 年的 325.4 Mt 增长到 2018 年的 907.8 Mt,年均增长速度达到 5.0%。在 GVC 分工体系下,中国承接国际资本和产业转移,加工贸易成为中国开放型经济的重要组成部分,使得中国一直保持较高的贸易顺差。2020 年中国实现贸易顺差 5350.3 亿美元,成为贸易顺差第一大国。同时受制于中国能源消费以煤炭为主、生产技术水平相对较低的条件,中国出口隐含碳远远大于进口隐含碳,存在十分明显的碳失衡情况。[1]

隐含碳污染贸易条件是指单位价值出口产品的隐含碳污染排放量与单位价值进口产品隐含碳污染排放量的比值(胡剑波和郭风,2017),本书利用隐含碳污染贸易条件来衡量一国在进出口贸易中的隐含碳排放是否具有竞争优势。其计算公式为 $ECCT=\dfrac{C^{ex}/T^{ex}}{C^{in}/T^{in}}$,也就是单位价值出口产品的隐含碳污染排放量和单位价值进口产品的隐含碳污染排放量的比值。如果该值大于1,表明在对外贸易中出口国为进口国承担了隐含碳排放的环境污染;如果该值小于1,说明出口国因对外贸易使本国环境状况得到改善。本书计算了中国贸易总体和制造业贸易的 ECCT 指数,结果如表 7-2 所示。从表 7-2 中可见,ECCT 指数整体呈现下降趋势,说明污染贸易条件有一定改善。其在 1995 年到 2002 年呈现出逐年下降的趋势,2002 年到 2006 年小幅上升,之后则稳步下降。同时,尽管 ECTT 指数在下降,但是仍然远大于1,表明中国单位出口产品的隐含碳排放水平

①　一国出口隐含碳大于进口隐含碳,即认为贸易隐含碳存在净出口(即顺差)时为失衡。贸易隐含碳顺差越大,失衡程度越严重。反之,当贸易隐含碳净出口规模变小甚至出现净进口时,则认为贸易隐含碳失衡有所改善。

大于单位进口产品,隐含碳贸易条件仍然不容乐观。

表 7-2　历年中国制造业对外贸易隐含碳贸易条件

单位:Mt

年份	出口隐含碳贸易条件	制造业出口隐含碳贸易条件	年份	出口隐含碳贸易条件	制造业出口隐含碳贸易条件
1995	3.69	3.84	2007	2.92	2.89
1996	3.45	3.52	2008	2.62	2.58
1997	3.15	3.27	2009	2.46	2.41
1998	2.98	3.11	2010	2.56	2.46
1999	2.62	2.61	2011	2.32	2.18
2000	2.52	2.52	2012	2.18	1.99
2001	2.32	2.28	2013	2.07	1.94
2002	2.31	2.26	2014	1.94	1.86
2003	2.66	2.61	2015	1.66	1.59
2004	3.02	3.03	2016	1.76	1.76
2005	3.23	3.20	2017	1.83	1.83
2006	3.22	3.18	2018	1.80	1.77

7.2　中国制造业碳转移的国家(地区)结构

从双边贸易净隐含碳排放量来看,美国、日本、韩国对中国的净隐含碳排放转移规模最大,如表 7-3 所示。2018 年,这三个国家向中国的贸易隐含碳排放规模分别占中国全部隐含碳排放的 20.7%、7.3% 和 5.7%。同时,美国和日本也是历年来对中国净隐含碳转移排放最高的国家。这进一步说明了中国的隐含碳排放顺差主要来自发达经济体。中国大量承接了发达国家的产业转移,发达国家和地区将生产线布置在中国,然后将中国制造的成品回购或销售给他国,使得大量碳排放通过国际贸易再转移至中国。

表 7-3　部分年份中国制造业贸易隐含碳主要出口国家和地区

单位:Mt

序号	1995 年		2005 年		2015 年		2018 年	
	国家	规模	国家	规模	国家	规模	国家	规模
1	美国	82.088	美国	435.029	美国	339.917	美国	327.116
2	日本	64.331	日本	163.568	日本	136.132	日本	127.648
3	韩国	18.698	韩国	81.769	韩国	86.399	韩国	88.409
4	德国	16.564	德国	52.852	印度	78.814	印度	84.518
5	英国	9.848	加拿大	46.182	墨西哥	53.738	德国	59.181
6	法国	7.750	英国	45.823	德国	53.661	越南	58.419
7	意大利	7.714	法国	35.908	越南	45.532	墨西哥	58.412
8	加拿大	7.295	意大利	30.794	加拿大	43.470	泰国	43.346
9	澳大利亚	5.676	墨西哥	30.125	泰国	42.129	加拿大	43.265
10	泰国	5.568	澳大利亚	29.119	澳大利亚	40.024	澳大利亚	42.299
11	印度尼西亚	4.863	印度	27.150	英国	36.536	印度尼西亚	40.601
12	西班牙	4.354	西班牙	25.142	法国	33.499	俄罗斯	38.660
13	新加坡	4.090	泰国	23.409	俄罗斯	31.554	法国	35.224
14	俄罗斯	3.336	俄罗斯	20.281	印度尼西亚	30.956	英国	31.056
15	荷兰	2.925	马来西亚	16.462	巴西	28.324	巴西	26.873
16	马来西亚	2.766	印度尼西亚	16.049	意大利	25.177	意大利	26.680
17	印度	2.689	土耳其	13.198	沙特阿拉伯	24.258	马来西亚	24.456
18	比利时	2.429	荷兰	12.144	马来西亚	23.368	菲律宾	21.572
19	南非	1.583	越南	11.689	土耳其	21.857	西班牙	21.002
20	土耳其	1.536	南非	11.326	西班牙	20.211	沙特阿拉伯	19.315

数据来源:OECD STAN 数据库。

在中美贸易中,美国是典型的贸易隐含碳转出国,研究期内,美国制造业向中国转移了 6592.4 Mt 的碳排放。可见,中美贸易已经逐渐成为美国减少其国内碳排放的重要途径。每年向中国转移的贸易隐含碳在美国当年排放量中所占的比重维持在 5.38%~8.34%。研究期内,美国对中国制造业贸易隐含碳转移规模呈现出恢复性增长趋势,年平均增长率为 6.8%。

对国际隐含碳交易最大的两个国家中国和美国的进出口隐含碳流向

进一步分析的结果如表7-4和表7-5所示。中国贸易隐含碳最大的出口对象分别是美国、日本、韩国、墨西哥、印度、德国、越南、泰国、加拿大、澳大利亚,中国贸易隐含碳最大的进口来源地分别是韩国、日本、俄罗斯、美国、越南、德国、印度、马来西亚、泰国和南非。可见,中国主要向欧美发达国家出口隐含碳,向资源型国家(如俄罗斯、南非)和东南亚国家进口隐含碳。中国贸易隐含碳出口呈现向国际多区域分散的倾向,从表7-4中可见,目前中国出口市场呈现多元化,对发达经济体的依赖度降低,对新兴经济体和发展中国家尤其是"一带一路"共建国家出口增长较快,因此,中国贸易隐含碳出口也呈现不断分散的趋势,新兴经济体和发展中国家与中国的碳转移排放关系更加密切。2005年,G7国家都在中国贸易隐含碳出口前10位的国家中。但到了2018年,中国出口隐含碳目的国前10位中,5个为发达经济体,5个为新兴经济体和发展中国家。表7-5显示,美国制造业隐含碳出口主要目的国是墨西哥、加拿大、中国、日本、德国、韩国、巴西、印度、法国、英国,而其进口来源地主要是中国、加拿大、墨西哥、印度、韩国、日本、俄罗斯、德国、越南、俄罗斯、德国、马来西亚。中国作为美国制造业最大的出口国,始终是美国最大的碳转移排放对象国。

表7-4　2018年中国制造业隐含碳贸易伙伴

单位:Mt

序号	源头	终点	规模	源头	终点	规模
1	中国	美国	327.116	韩国	中国	86.884
2	中国	日本	127.648	日本	中国	52.400
3	中国	韩国	88.409	俄罗斯	中国	28.480
4	中国	印度	84.518	美国	中国	28.051
5	中国	德国	59.181	越南	中国	23.839
6	中国	越南	58.419	德国	中国	21.250
7	中国	墨西哥	58.412	印度	中国	19.173
8	中国	泰国	43.346	马来西亚	中国	19.039
9	中国	加拿大	43.265	泰国	中国	17.649
10	中国	澳大利亚	42.299	南非	中国	17.552

数据来源:OECD STAN 数据库。

表 7-5　2018 年美国制造业隐含碳贸易伙伴

单位：Mt

序号	源头	终点	规模	源头	终点	规模
1	美国	墨西哥	54.589	中国	美国	327.100
2	美国	加拿大	49.255	墨西哥	美国	113.200
3	美国	中国	28.051	加拿大	美国	86.600
4	美国	日本	17.428	印度	美国	73.800
5	美国	德国	11.056	日本	美国	36.600
6	美国	韩国	11.010	韩国	美国	33.000
7	美国	巴西	8.313	越南	美国	28.900
8	美国	印度	8.018	俄罗斯	美国	27.600
9	美国	法国	7.537	德国	美国	24.500
10	美国	英国	7.140	马来西亚	美国	15.500

数据来源：OECD STAN 数据库。

7.3　中国制造业碳转移行业结构

下面从中美对比角度来说明中国贸易隐含碳排放的产业部门分布情况。表 7-6 显示了典型年份美国和中国各主要产业中出口隐含碳的规模和占总出口隐含碳的比例。可见，不论是中国还是美国，制造业都是出口隐含碳占比最高的产业。中国是世界上出口隐含碳规模最大的国家，1995 年制造业贸易隐含碳出口占比 74.4%，到 2018 年上升为 87.24%。中国制造业出口隐含碳仍在不断提高，但 2008 年以后中国经济步入新常态，产业结构调整升级，要向生态环境改善中求增长（李扬和张晓晶，2015），制造业出口隐含碳增速明显放慢。中国服务业隐含碳占比变化不大。尽管美国制造业隐含碳出口占比较高，但其发展呈现下降趋势，服务业出口隐含碳呈现上升趋势。美国 1995 年制造业贸易隐含碳出口占比 57.01%，到 2018 年下降到 50.09%。而服务业的出口隐含碳占比从 34.67% 上升到 37.40%。

表 7-6 典型年份中美各部门贸易隐含碳出口规模及占比

单位:Mt,%

国家	年份	行业总体	农林牧渔和狩猎业	采掘业	制造业	电力、热力、燃气及水生产和供应业	服务业
中国	1995	442.48	2.74	7.62	330.55	4.78	96.80
			0.62	1.72	74.70	1.08	21.88
	2005	1691.19	6.87	16.92	1429.13	7.33	230.94
			0.41	1.00	84.50	0.43	13.66
	2010	1918.33	6.44	19.11	1644.62	10.29	237.86
			0.34	1.00	85.73	0.54	12.40
	2015	1958.01	6.63	6.55	1687.60	10.33	246.91
			0.34	0.33	86.19	0.53	12.61
	2018	1947.95	7.46	25.32	1699.43	9.69	206.06
			0.38	1.30	87.24	0.50	10.58
美国	1995	558.88	16.91	12.49	318.61	17.13	193.74
			3.03	2.24	57.01	3.07	34.67
	2005	585.72	15.65	12.21	335.95	17.84	204.07
			2.67	2.08	57.36	3.05	34.84
	2010	630.15	22.59	17.47	351.71	14.67	223.72
			3.58	2.77	55.81	2.33	35.50
	2015	630.15	16.49	27.97	337.78	12.49	235.42
			2.62	4.44	53.60	1.98	37.36
	2018	607.54	16.43	46.67	304.33	12.90	227.21
			2.70	7.68	50.09	2.12	37.40

数据来源:OECD STAN 数据库。

从细分行业看,出口隐含碳行业集中度较高,研究期内中国碳转移的行业结构变化较大。如表 7-7 所示,1995 年,中国制造业出口隐含碳规模最大的行业是纺织服装和皮革制造业(25.97%)、化学和非金属制品(20.54%)及金属冶炼制造业(16.03%)等,这几个行业的出口隐含碳排放量合计占比达到了全部制造业隐含碳出口的六成以上。随着中国产业结构的不断调整,到了 2018 年,制造业中隐含碳出口较高的行业转变为计算机、电子及光学产品制造业(30.62%)、金属冶炼制造业(19.08%)、化学和非金属制品(18.88%),这几个行业出口隐含碳占比也达到了全部制造业隐含碳出口的七成。同时,机械设备制造业、运输设备制造业的占比也在不断提高。可见,计算机、电子及光学产品制造业,金属冶炼制造业及化学和非金属制品出口隐含碳增加成为中国整体出口隐含碳排放提高的重要原因。

表 7-7　中国主要隐含碳排放出口行业

单位:Mt,%

国家	年份	行业总体	食品饮料和烟草制造业	纺织服装和皮革制造业	木制品、纸制品和印刷业	化学和非金属制品	金属冶炼制造业	计算机、电子及光学产品制造业	机械设备制造业	运输设备制造业	其他设备制造业
中国	1995	330.55	11.64	85.82	6.50	67.88	52.98	52.55	15.93	3.89	33.36
			3.52	25.97	1.97	20.54	16.03	15.90	4.82	1.18	10.09
	2005	1429.13	24.98	191.14	15.71	318.86	226.15	397.77	96.31	28.05	130.16
			1.75	13.37	1.10	22.31	15.82	27.83	6.74	1.96	9.11
	2010	1644.62	23.34	130.72	13.86	304.45	291.37	497.94	156.18	71.85	154.93
			1.42	7.95	0.84	18.51	17.72	30.28	9.50	4.37	9.42
	2015	1687.60	21.24	138.64	13.88	330.67	315.94	521.55	138.25	60.69	146.72
			1.26	8.22	0.82	19.59	18.72	30.90	8.19	3.60	8.69
	2018	1699.43	25.32	141.04	15.95	320.81	324.24	520.38	158.19	69.56	123.93
			1.49	8.30	0.94	18.88	19.08	30.62	9.31	4.09	7.29
美国	1995	318.61	19.92	7.97	14.90	95.88	50.00	53.11	29.24	40.71	6.89
			6.25	2.50	4.68	30.09	15.69	16.67	9.18	12.78	2.16
	2005	335.95	17.07	7.99	15.47	107.75	45.85	43.73	33.83	52.10	12.16
			4.66	2.18	4.23	29.44	12.53	11.95	9.24	14.24	3.32
	2010	351.71	21.45	4.94	15.96	133.88	55.78	26.16	32.33	48.48	12.74
			6.10	1.40	4.54	38.07	15.86	7.44	9.19	13.78	3.62
	2015	337.78	19.39	3.75	12.21	135.64	55.15	20.10	27.48	52.17	11.89
			5.74	1.11	3.61	40.16	16.33	5.95	8.14	15.45	3.52
	2018	304.33	17.84	3.08	10.04	128.45	49.49	16.51	23.90	45.63	9.39
			5.86	1.01	3.30	42.21	16.26	5.42	7.85	14.99	3.09

数据来源:OECD STAN 数据库。

为了更好地反映中国各产业部门在贸易隐含碳排放中的地位,本书计算了中国各进出口产品部门隐含碳贸易条件(ECCT 指数)变化情况,具体结果如表 7-8 所示。由表 7-8 可见,除极个别产业的年份外,中国制造业几乎所有产品部门 ECCT 指数都大于 1,这说明所有产品部门的出口隐含碳排放强度都高于进口隐含碳强度,中国在创造出口利益的同时将污染留在了国内,成为"污染避难所"。研究期内,ECCT 指数排名都排在前三位的部门主要是计算机、电子及光学产品制造业,机械设备制造业,运输设备制造业。这说明与其他国家相比,中国在这些行业的出口能源密集、污染高、排放大,而进口的产品相对清洁。而在同期,中国农业、其他制造业的 ECCT 指数接近或小于 1,且呈减少趋势,这些行业的进出口贸易对环境的影响不明显。总的来说,中国出口隐含碳中能源型工业生产所占的份额非常大,能源不那么密集使用的如农业和服务业所占的份额相对较小,这与中国的产业结构有密切的关系。例如,2008 年中国国内生产总值的 49% 来自工业部门,40%来自服务部门,而印度的相应数字分别为 29% 和 54%。此外,不同的工业组成会影响能源强度水平。与印度相比,中国在能源密集型制造业中占有更大的份额,2008 年占中国 GDP 的 34%,而印度为 16%(世界银行,2010)。因此,调整行业结构对于降低隐含碳排放具有重要的意义。从变化趋势看,研究期内,虽然所有产品部门的 ECCT 指数都大于 1,但各个部门的 ECCT 指数是在不断减小的。最为明显的是计算机、电子及光学产品制造业,从 1995 年的 7.02 下降到 2018 年的 2.08。这无疑对中国贸易环境的改善是一个积极的信号。从分部门情况看,贸易条件改善最明显的行业是木制品、纸制品和印刷业(下降 73%),计算机、电子及光学产品制造业(下降 70%),纺织服装和皮革制造业(下降 70%),说明中国隐含碳污染贸易条件在向好的方向发展,ECCT 指数的降低对中国贸易环境的改善可以起到积极作用。

表7-8 中国制造业各部门的隐含碳贸易条件变化

年份	食品饮料和烟草制造业	纺织服装和皮革制造业	木制品、纸制品和印刷业	化学和非金属制品	金属冶炼制造业	计算机、电子及光学产品制造业	机械设备制造业	运输设备制造业	其他设备制造业
1995	3.65	4.23	4.66	3.16	3.32	7.02	7.16	3.78	2.59
1996	3.25	3.38	3.94	3.22	2.82	6.39	6.54	3.44	2.41
1997	3.19	2.91	3.70	3.17	3.43	5.30	5.47	4.16	2.03
1998	2.55	2.50	3.30	3.15	2.78	5.64	4.53	3.13	1.72
1999	2.09	2.35	2.70	2.51	2.06	4.93	5.04	3.16	1.58
2000	2.04	2.33	2.42	2.50	2.38	4.48	4.93	3.17	1.64
2001	1.80	2.10	2.35	2.30	1.82	3.58	4.76	2.95	1.65
2002	1.80	2.02	2.32	2.18	1.79	3.35	4.57	2.53	1.64
2003	2.00	2.23	2.42	2.80	1.83	3.70	5.65	3.11	1.92
2004	2.17	2.31	2.70	3.40	2.23	3.75	5.95	3.89	2.41
2005	2.37	2.45	2.71	3.53	2.49	3.94	6.14	4.21	3.19
2006	2.35	2.45	2.67	3.47	2.59	3.68	5.77	4.81	2.71
2007	2.29	2.42	2.37	3.01	2.52	3.25	5.11	4.38	2.00
2008	1.93	1.92	2.01	2.70	2.28	2.89	4.67	3.61	1.82
2009	1.91	1.75	2.00	2.62	1.98	3.02	5.28	4.08	1.65
2010	1.91	1.62	1.96	2.69	2.10	2.80	4.70	3.56	1.73
2011	1.86	1.63	1.92	2.53	1.98	2.46	4.04	3.53	1.58
2012	1.82	1.63	1.82	2.42	1.80	2.38	3.64	3.44	1.65
2013	1.59	1.48	1.73	2.28	1.74	2.33	3.32	3.19	1.38
2014	1.40	1.31	1.47	2.15	1.63	2.22	3.07	2.87	1.16
2015	1.28	1.18	1.29	1.84	1.37	2.13	2.87	2.56	1.19
2016	1.35	1.31	1.33	1.99	1.51	2.11	3.00	3.01	1.26
2017	1.47	1.42	1.45	1.95	1.61	2.11	2.95	3.20	1.17
2018	1.35	1.26	1.25	1.78	1.59	2.08	3.03	3.22	1.17

数据来源：原始数据来自 OECD 数据库，根据式(3-2)计算。

7.4　本章小结

　　研究期内,中国各行业尤其是制造业承接的国际贸易碳转移排放呈现不断提高的趋势。制造业出口隐含碳规模增长了4.14倍,进口隐含碳规模增长了5.47倍。

　　研究期内,中国出口隐含碳规模逐渐提高,是世界隐含碳排放规模最大的国家,并存在持续的净转出排放,并且几乎所有产品部门隐含碳污染贸易条件都大于1。这说明整体上中国通过对外贸易承接了大量的碳排放转移,并且所有产品部门的出口隐含碳强度都高于进口隐含碳强度,中国出口产品比进口产品污染程度更高,是世界主要的碳排放转移目的地,持续的贸易顺差意味着中国环境条件的不断恶化。但从发展趋势看,研究期内,几乎所有部门的 $ECTT$ 指数都在减小,平均降幅为41.4%,是中国贸易环境改善的一个积极信号。

　　从双边贸易净隐含碳排放量来看,美国、日本、韩国对中国的隐含碳排放转移规模最高,中国的隐含碳排放顺差主要来自发达经济体。中国大量承接了发达国家的产业转移,发达国家和地区将生产线布置在中国,然后将中国制造的产品回购或销售给他国,使得大量碳排放通过国际贸易转移至中国。从发展趋势看,中国贸易隐含碳出口呈现向国际多区域分散倾向,对发达经济体的依赖度降低,对新兴经济体和发展中国家尤其是"一带一路"共建国家出口增长较快。新兴经济体和发展中国家与中国的碳转移排放关系更加密切。

　　从细分行业看,研究期内中国碳转移的行业结构变化较大,出口隐含碳行业集中度较高。当前,计算机、电子及光学产品制造业,金属冶炼制造业,以及化学和非金属制品这几个行业的出口隐含碳排放量合计占比达到了全部制造业隐含碳出口的七成以上,成为中国整体出口隐含碳排放提高的重要原因。

第8章　中国制造业碳转移的影响因素

　　1978 年,中国实施对外开放,经济从封闭型、半封闭型转向开放型,深度融入全球价值链和生产网络,现已成为世界第二大经济体,连续多年货物对外贸易进出口世界第一。1978 年中国货物贸易进出口总值为 355 亿元人民币,2020 年为 32.16 万亿元人民币,42 年时间增长了 900 多倍。

　　中国在分享出口型经济巨大红利的同时,也付出了巨大的代价。作为世界第二大经济体,中国碳排放总量已居全球第一,在国际气候谈判中面临着巨大的压力,成为可持续发展的最大挑战。据《BP 世界能源统计年鉴(2019)》,2005 年中国碳排放 60.97 亿吨,总量首次超过美国,2018 年增长到了 94.20 亿吨,年均增速达到 3.40%。按生产责任制核算,中国成为世界上最大的碳排放国,2018 年中国碳排放量占全球碳排放总量的比重高达 28.0%。碳排放总量的增加导致了国内严重的环境问题。例如,环境绩效指数(environmental performance index,EPI)是目前国际上比较全面评价各国环境绩效的指标,从历年 EPI 排名看(见表 8-1),中国的 EPI 排名在全部参与排名的国家与地区中,一直处于较后位置。2018 年,在全世界 180 个参加排名的国家与地区中,中国以 50.74 分的得分位居第 120 位,在参评国家与地区中列倒数第 61 位。①

---

① 数据出自美国耶鲁大学环境法律与政策中心、哥伦比亚大学国际地球科学信息网络中心及世界经济论坛联合发布的《2018 年全球环境绩效指数报告》。

表 8-1　中国历年 EPI 指数排名

年份	2006	2008	2010	2012	2014	2016	2018
排名	94	105	121	116	118	109	120
参与国家与地区数	133	149	163	132	178	180	180
相对位置	0.71	0.70	0.74	0.88	0.66	0.61	0.67

数据来源:历年《全球环境绩效指数报告》。

中国作为全球第一大出口贸易国,碳排放量很大一部分是由出口贸易中的隐含碳引起的。作为世界制造业中心,中国出口产品呈现高碳排放的特点。改革开放以后,由于加工贸易的加快发展,中国出口产品结构发生了重大变化,工业制成品成为中国出口的主导产品。例如,2019 年中国出口的工业制成品占总出口的比重为 94.8%。中国的改革开放伴随着国际产业转移进程,在这一过程中,中国承接了全球消费品的加工生产环节,从国外大量进口元器件、零部件和资源,利用国内劳动力资源密集的优势加工生产,最后将工业制成品出口至最终消费地区。事实上,商品加工、组装、制造是产生各类污染的主要环节。历史上出现大规模污染问题都集中在工业化进程加快的时期。例如,第一次工业革命使英国在 19 世纪经历了严重的环境污染;19 世纪末 20 世纪初,美国、德国工业发展迅速,成为世界工业强国,其国内也频发各类恶性污染事件;20 世纪 40—60 年代,日本工业开始腾飞,逐渐成为新的世界工业强国,但也发生了一系列极其严重的环境公害事件。

中国一向重视环境问题。为应对气候变化和控制碳排放,中国政府采取各类有利于减少碳排放的经济政策,加速节能和提高能效,并制定了相应的碳排放降低目标和任务。2018 年 3 月,《中华人民共和国宪法修正案》中把生态文明和"美丽中国"写入《中华人民共和国宪法》。截至 2019 年,共制定环保法律 13 部、资源保护与管理法律 20 余部、生态环保行政法规 30 余部,颁布国家层面有效环境标准总数已达 2011 项。同时,中国逐步建立起符合国情的生态环境目标责任制。2014 年 11 月,在《中美气候变化联合声明》中,中国表示,计划在 2030 年左右二氧化碳排放达到峰值且将努力早日达峰,并计划到 2030 年非化石能源占一次能源消费比重提高到 20％左右。2015 年 7 月,中国政府发布并提交给联合国气候变化框架公约秘书处的《强化应对气候变化行动——中国国家自主贡献》展现了中国作为发展中国家至 2030 年的低碳发展蓝图,其中表明中国将推动经济低碳转型,到 2030 年单位 GDP 的二氧化碳排放量将比 2005 年下降 60％～65％。同时,全社会新增节能投资、新增低碳能源投资到 2030 年将突破 41 万亿元人民币,产业规模将达到 23 万亿元人民币,对 GDP 的贡献率将超过 16％。

因此本章将考察 GVC 分工深化背景下的出口贸易隐含碳排放规律,以便为中国制定二氧化碳减排政策提供理论依据,对发展低碳经济有着重要的理论和现实意义。

8.1　中国制造业参与 GVC 分工概况

8.1.1　中国制造业 GVC 参与度

本书采用 Wang 等(2017)生产分解模型,从前向联系和后向联系两个视角分析中国 GVC 前向参与度指数和 GVC 后向参与度指数,见表 8-2。通过对比两种 GVC 参与度指数发现,首先,研究期内,中国的全球价值链后向参与度(GVC_b)一直高于全球价值链前向参与度(GVC_f),分工地位较低。其背后的原因可能一方面是加入 WTO 以来,中国参与 GVC 分工的形式主要是低附加值、低技术含量的加工贸易,被称为"世界的工厂",加工贸易两头在外的特征使得整个生产工序更多地依赖其他国家的中间品供给,自身增值能力低下;另一方面中国整体资本、技术水平较低,自主品牌国际影响力还不高,因此中国主导的价值链经济活动较少,需要加入其他国家主导的价值链经济活动,致使前向参与 GVC 程度较低。以中国富士康加工苹果手机为例,苹果手机在中国组装后进入美国,统计显示中国对美国出口为 400 美元。然而这 400 美元的出口价值中,有 90％是从韩国、日本、中国来采购原件的费用,最后中国工厂仅仅获得了生产线上工人的工资,其比例不足 5％。

其次,从 GVC 前向参与度和 GVC 后向参与度的变化情况来看(见表 8-2),中国制造业整体 GVC 前向参与度先提高后小幅下降,而后向参与度下降较快,且前向价值链参与度与后向价值链参与度差值逐步缩小,同时中国制造业前向复杂参与度(GVCpt_f_c)和后向复杂参与度(GVCpt_b_c)都有升高趋势。表明中国整体 GVC 地位有一定幅度提高,各行业参与全球价值链的方式越来越向上游移动。但是我们还应注意到,中国与其他发达经济体相比,上游程度不高,美国、日本和德国的全球价值链前向参与度都高于中国。例如德国 2018 年的制造业前向参与度为 0.339,而中国的前向参与度均值为 0.130。

表 8-2　中国制造业整体前、后向 GVC 参与度

年份	GVCpt_f	GVCpt_f_s	GVCpt_f_c	GVCpt_b	GVCpt_b_s	GVCpt_b_c
1995	0.09	0.07	0.03	0.14	0.09	0.05
1996	0.09	0.07	0.03	0.14	0.09	0.05
1997	0.11	0.08	0.03	0.14	0.08	0.06
1998	0.11	0.08	0.03	0.12	0.07	0.05
1999	0.11	0.08	0.03	0.13	0.07	0.06
2000	0.12	0.09	0.04	0.15	0.08	0.07
2001	0.12	0.08	0.04	0.14	0.08	0.07
2002	0.13	0.09	0.04	0.15	0.08	0.08
2003	0.15	0.11	0.05	0.18	0.09	0.09
2004	0.17	0.12	0.06	0.20	0.09	0.11
2005	0.18	0.12	0.06	0.20	0.09	0.11
2006	0.18	0.12	0.06	0.20	0.09	0.11
2007	0.18	0.12	0.06	0.19	0.08	0.11
2008	0.18	0.11	0.06	0.19	0.09	0.10
2009	0.13	0.09	0.04	0.15	0.08	0.07
2010	0.14	0.09	0.05	0.17	0.09	0.08
2011	0.14	0.09	0.05	0.18	0.10	0.08
2012	0.14	0.09	0.05	0.17	0.09	0.08
2013	0.13	0.09	0.05	0.16	0.08	0.08
2014	0.13	0.09	0.05	0.16	0.08	0.08
2015	0.13	0.08	0.05	0.14	0.08	0.07
2016	0.12	0.08	0.04	0.14	0.08	0.06
2017	0.13	0.08	0.05	0.15	0.08	0.07
2018	0.13	0.08	0.05	0.16	0.09	0.07

数据来源:原始数据来源于 UIBE 数据库,笔者根据式(4-4)、式(4-5)计算得出。

8.1.2　中国制造业各子行业 GVC 参与度

图 8-1、图 8-2 显示了中国制造业各行业从 1995 年到 2018 年 GVC 参与度的比较情况，详细数据见附录 3、附录 4。由图 8-1 可见，研究期内，制造业多数行业 GVC 的前向参与度有所提高，但是有些行业 GVC 前向参与度波动明显。例如，金属制品制造业研究期内 GVC 前向参与度，从 1995 年的 0.12 上升到 2005 年的 0.32，随后又逐年下降，到 2018 年下降为 0.18。制造业前向参与度指数提高往往意味着 GVC 分工地位提升。在制造业，更高的研发和知识强度与更高的全球价值链参与度相关。个别行业的 GVC 前向参与度降低是因为参与跨境生产共享只是一种有利于工业化的分工方式。发展中国家国内生产的中间投入替代进口的中间投入，如中国的产业升级，也可能由于国内分工的深化和国内价值链的延长而降低全球价值链的参与强度。

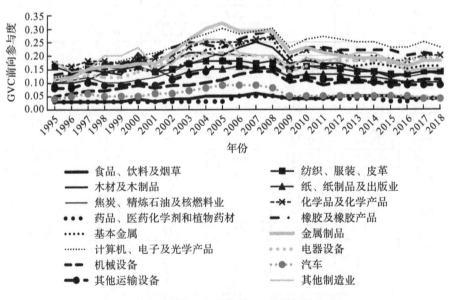

图 8-1　中国制造业各行业 GVC 前向参与度变化

与前向参与度不同，中国各行业后向参与度的变化较大，多数行业的后向参与度有所降低，如图 8-2 所示。前向参与度提高而后向参与度降低是一个积极的信号。这是因为后向参与度较高往往意味着某国以廉价劳动力和资源禀赋优势承接加工生产环节的转移,成为发达国家污染产业转移的目的地。这种基于后向关联的 GVC 参与方式不但会直接促使二氧化碳排放量迅速增加,还会使中国对发达国家高技术零部件的进口形成依赖,在 GVC 分工中缺乏竞争力和主导权,容易被固化在"微笑曲线"中低附加值生产和高碳排放环节。

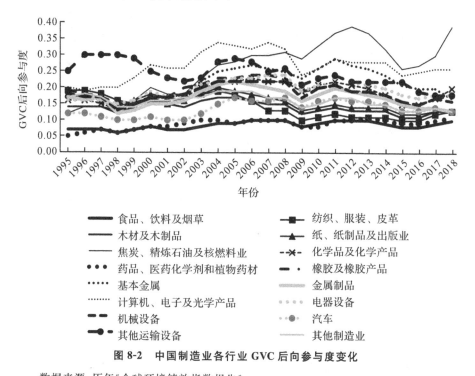

图 8-2　中国制造业各行业 GVC 后向参与度变化

数据来源:历年《全球环境绩效指数报告》。

8.1.3　中国制造业各行业 GVC 分工地位

根据式(4-6),本节分析了中国制造业各行业 GVC 分工地位的变化情况,如图 8-3 所示。由图 8-3 可见,当前金属制品、橡胶及橡胶产品、木材及木制品、其他制造业仍然是中国 GVC 地位最高的几个行业,这些行业多数为劳动密集型行业,产业链短,对外国中间产品的依赖程度低,因此 GVC 地位明显高于其他产品分工更为细致的行业。尽管当前计算机、电子及光学产品,机械设备和其他运输设备制造业的 GVC 地位指数较低,但是升幅明显。例如计算机、电子及光学产业 1995 年为 -0.07,到了 2018 年提高到－0.02。纺织服装和皮革业的 GVC 地位也有了明显提高。总的来看，外向参与度越高，即间接增加值越高，行业的 GVC 分工地位指数越高。

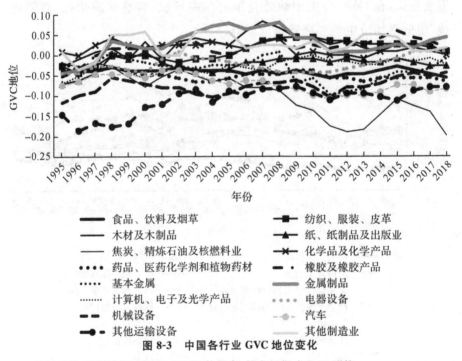

图 8-3　中国各行业 GVC 地位变化

数据来源：原始数据来源于 OECD 数据库，笔者根据式(4-6)测算。

中国 1978 年开始实行改革开放，内地由于较大的劳动力成本优势吸引了大量港澳台的轻纺工业转移。1992 年邓小平"南方谈话"，呼吁经济改革，掀起了从广东到全国对外开放的浪潮，国际上电子、装备制造业生产转移，中国逐步发展成为全球制造业中心。经过几十年的发展，中国制造业上下游配套能力不断提高，形成了明显的一体化优势。2001 年加入世界贸易组织后，产品内分工更加深化，逐步建成从原材料采购和供应，零件制造、组装、装配、制造，产品分销和服务，物流的产业链全程一体化，因此不难解释为何中国各行业 GVC 分工水平在不断提高。

8.2　GVC 分工对中国贸易
隐含碳排放影响的实证分析

如前所述,21 世纪以来,中国更深入地参与 GVC 分工体系中,不仅成就了第一大出口国的贸易地位,也成为世界第一大贸易隐含碳排放国。因此,学者一般认为,在 GVC 分工下,中国不仅是"世界工厂",在一定时期内还可能是世界的"污染天堂",面临的贸易与环境失衡问题逐渐凸显。那么,中国在一定时期内的"污染天堂"身份与所处的"世界工厂"地位有何联系? GVC 分工在其中发挥着何种作用? 对于上述问题的回答,能够为中国参与 GVC 分工造成的贸易与环境失衡现实提供有力的解释。本节试图在 GVC 视角下通过解读从 GVC 污染到隐含碳过程的"黑箱",为中国现阶段在 GVC 分工体系下进行气候治理提供有益的启示。

8.2.1　变量选取与数据来源

如前文,贸易隐含碳和 GVC 数据分别来自 OECD STAN 数据库和对外经济贸易大学全球价值链数据库(University of International Business and Economics Global Value Chain Database,UIBEGVC)。规模效应以行业基本建设投资代表,原始数据来源于经济预测系统(Economy Prediction System,EPS)数据库。一般而言,行业规模大,其隐含碳排放规模也会较大;结构效应以该行业出口额占总出口的占比代表,来源于 OECD-ViTA 数据库;由于不同学者研究的出发点各有侧重,目前衡量技术进步的指标较多。本书利用吕延方等(2019)的方法选用各行业能源利用强度代表技术进步,在控制其他因素的情况下,随着技术水平的不断提高,二氧化碳排放量会降低。

由于 EPS 数据库执行的是国民经济行业分类标准(GB/T 4754—2002),而 OECD 数据库及 UIBEGVC 数据库的行业分类是按照国际标准产业分类(ISIC Rev. 3.1),参考谢会强等(2018)的合并匹配准则将两者进行匹配。将 2005—2014 年 EPS 数据库中 27 个行业与 OECD-ViTA

数据库、OECD STAN 数据库中的行业进行匹配①,最终得到工业行业 17 个细分行业,如表 8-3 所示。根据数据可得情况,将研究年份定为 2005—2015 年。

表 8-3　回归分析涉及行业

行业代码	行业名称
D05T09	采掘业
D10T12	食品、饮料和烟草制造业
D13t15	纺织、服装、皮革制造业
D16	木材、木材制品及软木制品制造
D17T18	纸制品及印刷
D19	焦炭和精炼石油产品制造
D20T21	化学品和医药产品制造
D22	橡胶和塑料制品制造
D15	其他非金属矿物制品制造
D24	基本金属制造
D25	金属制品制造
D26	计算机、电子和光学产品制造
D27	电气设备制造
D28	机械设备制造
D29	汽车、挂车和半挂车制造
D31T33	其他制造、机械设备维修和安装
D35T39	电、煤气、水的供应

---

① 匹配原则为:EPS 数据库中行业合并,主要包括:将农副食品加工业、食品制造业、饮料制造业和烟草制品业合并;将纺织业、纺织服装服饰业和皮革毛皮羽毛(绒)及其制品业合并;将化学原料及化学制品制造业和化学纤维制造业合并;将塑料制品业和橡胶制品业合并;将黑色金属冶炼及压延加工业和有色金属冶炼及压延加工业合并;通用设备制造业和专用设备制造业合并;将 2012—2014 年汽车制造业和铁路、航空、航天和其他运输设备制造业合并。OECD-ViTA 数据库、OECD STAN 数据库中行业合并,主要包括:将小汽车、拖车、半挂车制造业与其他运输设备制造业合并。不考虑家具制造业、文教体育用品制造业和仪器仪表制造业。

表 8-4 显示了各变量的统计特征。

表 8-4　变量描述性统计

Variable	Obs	Mean	Std. Dev.	Min	Max
lncex	187	4.311	1.580	2.026	8.144
lnscale	187	10.598	1.256	7.762	13.136
tec	187	0.398	0.436	0.034	2.924
structure	187	0.058	0.068	0.003	0.301
gvc_f	187	0.153	0.050	0.037	0.276
gvc_fsim	187	0.091	0.026	0.025	0.164
gvc_fcom	187	0.062	0.026	0.012	0.120
gvc_b	187	0.175	0.061	0.065	0.348
gvc_bsim	187	0.074	0.042	−0.099	0.218
gvc_bcom	187	0.101	0.057	0.017	0.293
gvc_par	187	0.658	0.141	0.200	0.887

8.2.2　平稳性与协整关系检验

本书继续进行了面板单位根检验和协整检验,面板单位根检验结果如表 8-5 所示。

表 8-5　面板单位根检验结果

变量 e	LLC 检验	HT 检验	IPS 检验	Breitung 检验	Hadri 检验	结论
lncex	−7.5027 (0.0000)	1.8539 (0.9681)	−0.9515 (0.9974)	1.6080 (0.9461)	16.912 (0.0000)	不平稳
gvc_f	2.7632 (0.9971)	−5.0698 (0.0000)	−2.1300 (0.0166)	0.7903 (0.7853)	21.8936 (0.0000)	不平稳
gvc_fsim	−0.8239 (0.2050)	−4.5038 (0.0000)	−1.8842 (0.0298)	1.8227 (0.9658)	23.8751 (0.0000)	不平稳
gvc_fcom	4.2103 (1.0000)	−5.7163 (0.0000)	−3.3844 (0.0004)	−0.0304 (0.4879)	20.4168 (0.0000)	不平稳
gvc_b	−0.7126 (0.2381)	−9.8253 (0.0000)	−1.7175 (0.0429)	0.4202 (0.6628)	15.7008 (0.0000)	不平稳

续表

变量 e	LLC 检验	HT 检验	IPS 检验	Breitung 检验	Hadri 检验	结论
gvc_bsim	−1.7298 (0.0418)	−12.6293 (0.0000)	−2.8428 (0.0022)	−1.0778 (0.1406)	13.1877 (0.0000)	不平稳
gvc_bcom	0.6351 (0.7373)	−6.4112 (0.0000)	−1.8735 (0.0305)	2.1856 (0.9856)	21.3080 (0.0000)	不平稳
gvc_par	−3.7285 (0.3921)	−0.8965 (0.1850)	−1.1828 (0.9250)	1.2164 (0.8881)	13.9529 (0.0000)	不平稳
lnsca	−6.4099 (0.0000)	−0.4610 (0.3224)	−1.7294 (0.2329)	1.2959 (0.9025)	17.9342 (0.0000)	不平稳
structure	−8.6529 (0.0000)	−3.2670 (0.0005)	−1.6826 (0.4364)	1.5671 (0.9414)	12.9086 (0.0000)	不平稳
tec	−20.5056 (0.0000)	0.0358 (0.5143)	−4.0320 (0.0000)	3.5906 (0.9998)	19.7653 (0.0000)	不平稳
dlncex	−4.9198 (0.1434)	−12.9317 (0.0000)	−2.9621 (0.0000)	−5.1021 (0.0000)	0.7818 (0.2172)	平稳
dgvc_par	−8.6246 (0.0000)	−13.8204 (0.0000)	−2.9866 (0.0006)	−5.4553 (0.0000)	−0.4302 (0.6665)	平稳
dgvc_f	−7.8311 (0.0000)	−22.4396 (0.0000)	−10.3821 (0.0000)	−3.6387 (0.0001)	1.7372 (0.0412)	平稳
dgvc_fsim	−10.3747 (0.0000)	−22.9133 (0.0000)	−10.0493 (0.0000)	−4.2944 (0.0000)	−1.2336 (0.8913)	平稳
dgvc_fcom	−8.2279 (0.0000)	−21.9738 (0.0000)	−10.3969 (0.0000)	−3.2501 (0.0006)	3.4204 (0.0003)	平稳
dgvc_b	−7.5404 (0.0000)	−21.9082 (0.0000)	−8.2812 (0.0000)	−3.7720 (0.0001)	1.2169 (0.1118)	平稳
dgvc_bsim	−13.4765 (0.0000)	−24.4613 (0.0000)	−8.8879 (0.0000)	−4.2383 (0.0000)	−0.7839 (0.7834)	平稳
dgvc_bcom	−6.4544 (0.0000)	−19.1226 (0.0000)	−9.2565 (0.0000)	−3.6355 (0.0001)	1.9725 (0.0243)	平稳
dlnsca	−14.0405 (0.0000)	−14.9466 (0.0000)	−3.2370 (0.0000)	−6.4970 (0.0000)	−1.9912 (0.9768)	平稳
dstructure	−13.9872 (0.0000)	−14.2098 (0.0000)	−3.1313 (0.0000)	−6.0485 (0.0000)	−2.2023 (0.9862)	平稳
dtec	−10.1052 (0.0000)	−6.4059 (0.0000)	−2.3975 (0.0015)	−1.1025 (0.0000)	1.1443 (0.1262)	平稳

表 8-5 显示,对于各变量的水平变量,多数的检验结果显示为非平稳序列;对于各变量的一阶差分变量,绝大多数检验结果显示为平稳序列,即各变量均为一阶单整 I(1)序列。由于上述变量为一阶单整序列,因而存在协整的可能。本书进一步分别运用 Kao 检验、Pedroni 检验和 Westerlund 检验对各变量进行协整检验。三个检验结果均拒绝不存在协整关系的原假设,即变量之间存在协整关系。

表 8-6 汇报了 Kao 检验 5 种不同的检验统计量,其对应的 p 值均小于 0.01,故可在 10%水平上强烈拒绝"不存在协整关系"的原假设,认为存在协整关系。

表 8-6 Kao 检验结果

	Statistic	p-value
Modified Dickey-Fuller t	1.348	0.089
Dickey-Fuller t	-1.252	0.080
Augmented Dickey-Fuller t	-3.852	0.000
Unadjusted modified Dickey	-3.984	0.000
Unadjusted Dickey-Fuller t	-5.127	0.000

表 8-7 汇报了 Pedroni 检验 3 种不同的检验统计量,其对应的 p 值均小于 0.01,故可在 1%水平上强烈拒绝"不存在协整关系"的原假设,认为存在协整关系。

表 8-7 Pedroni 检验结果

	Statistic	p-value
Modified Phillips-Perron t	8.462	0.000
Phillips-Perron t	-6.836	0.000
Augmented Dickey-Fuller t	-6.909	0.000

Westerlund 检验的原假设为不存在协整关系,表 8-8 显示该检验结果在 5%条件下拒绝原假设。

表 8-8　Westerlund 检验结果

	Statistic	p-value
Variance	−0.2287	0.0488

8.2.3　计量分析结果

(1)基准回归

运用 Stata 软件对模型进行参数估计。在使用面板数据时,容易出现组间异方差和组内序列相关等问题,导致普通 OLS 估计出现失效。为了减少序列相关和异方差,首先,本书在进行混合回归和固定效应回归的基础上进行 F 检验(原假设 H0:all ui＝0),如果拒绝原假设,则认为固定效应模型比混合模型更合适,样本存在个体效应;否则,认为混合模型更优。其次,在检验样本是否存在个体效应的基础上,采用 Hausman 检验来确定选择固定效应还是随机效应,回归结果见表 8-9。由 F 检验和 Hausman 检验确定应采用固定效应模型。

表 8-9　GVC 前向参与度对中国各行业出口隐含碳影响基准回归结果

VARIABLES	(1) lncex	(2) lncex	(3) lncex	(4) lncex
gvc_f	−3.141*	−2.263***	−2.246***	−1.334
	(−1.891)	(−0.581)	(−0.738)	(−1.066)
lnsca	−0.0539	0.272***	0.272***	−0.319***
	(−0.118)	(0.039)	(0.078)	(0.079)
str	−3.726*	−3.458**	−4.853**	4.058
	(−2.176)	(−1.730)	(−2.174)	(2.462)
energy	1.942***	−0.226***	−0.212	−0.0643
	(0.217)	(−0.066)	(−0.168)	(−0.076)
Constant	4.807***	2.070***	2.142**	7.095***
	(1.202)	(0.402)	(1.030)	(0.716)
Observations	187	187	187	187
R-squared	0.421	0.504		0.78
F		662.39***		
Sargan-Hansen		30.105***		

　　用固定效应模型分别对 GVC 前向参与度和后向参与度进行回归,结果如表 8-10 所示。GVC 前向参与度系数显著为负,这表明基于前向关联的 GVC 参与度与出口隐含碳排放之间存在负相关关系,提升基于前向关联的 GVC 参与度能显著减少出口隐含碳排放量,这与 6.3 节发展中国家的回归分析存在差异。本书认为其可能的原因包括:首先,GVC 前向参与度的提升本身一定程度上反映了 GVC 嵌入地位的提高,生产环节更靠近 GVC 上游,从而使得涉及生产、运输等活动减少,使用的能源、资源量也相对减少。其次,在中国,GVC 嵌入带来的技术进步效应超过了低端锁定效应,国内生产环节更多地引进或使用更先进的清洁技术。最后,根据环境库兹涅茨曲线,经济发展水平的提高将导致环境污染水平的下降。研究期内,伴随 GVC 参与度的提高,中国人均 GDP 从 2005 年的 1753 美元上升到 2015 年的 8066 美元,居民环保意识的增强及国内环境规制水平的提升抑制了贸易隐含碳排放水平。

　　此外,各行业出口规模与出口隐含碳排放之间呈现正相关关系。说明伴随着中国出口规模的不断扩张,对资源能源的消耗增加,造成出口隐含碳排放量的增长。贸易结构和技术水平与隐含碳排放呈现负相关关系。行业结构的优化显著降低隐含碳排放。由前文分析可知,纺织、服装和皮革制造业,计算机、电子及光学产品制造业出口隐含碳占全部行业的比重下降,但根据出口额来看,这两类行业出口额并未下降,说明这两类行业提高了行业整体的低碳技术水平,从而降低其碳排放。技术进步可以有效降低碳排放。同时,GVC 后向参与度对隐含碳排放影响不显著,但简单 GVC 后向参与度会在 10% 显著性水平增加出口隐含碳。这是由于在国际分工中,GVC 后向参与度往往意味着较低的 GVC 分工地位,参与 GVC 中较低端的加工组装等生产环节,可增加本国隐含碳排放量。

表 8-10　不同嵌入方式对中国各行业出口隐含碳的影响

VARIABLES	(5) lncex	(6) lncex	(7) lncex	(8) lncex	(9) lncex	(10) lncex
gvc_f	−2.263***					
	(−0.581)					
gvc_fsim		−4.517***				
		(−1.011)				
gvc_fcom			−3.797***			
			(−1.282)			
gvc_b				0.259		
				(0.482)		
gvc_bsim					1.066*	
					(0.542)	
gvc_bcom						−0.636
						(0.509)
lnsca	0.272***	0.280***	0.258***	0.237***	0.234***	0.220***
	(0.039)	(0.038)	(0.039)	(0.040)	(0.038)	(0.040)
str	−3.458**	−3.582**	−3.469*	−4.260**	−4.098**	−3.902**
	(−1.730)	(−1.703)	(−1.768)	(−1.804)	(−1.777)	(−1.802)
energy	−0.226***	−0.217***	−0.242***	−0.280***	−0.276***	−0.295***
	(−0.066)	(−0.065)	(−0.067)	(−0.068)	(−0.066)	(−0.067)
Constant	2.070***	2.046***	2.114***	2.113***	2.100***	2.394***
	(0.402)	(0.397)	(0.409)	(0.458)	(0.418)	(0.441)
Observations	187	187	187	187	187	187
R-squared	0.504	0.516	0.486	0.459	0.471	0.463
Number of id	17	17	17	17	17	17

（2）异质性分析

前文分析从全行业角度对 GVC 参与度、GVC 参与方式对中国各行业隐含碳的影响进行了实际验证,但是不同行业之间存在异质性,需要进一步考察。为了考察不同行业 GVC 嵌入对其出口隐含碳影响是否存在差异,本书借鉴黄玉霞和谢建国(2019)的方法,将各个行业分成重污染行业和轻污染行业两大类。其中,重污染行业包括采掘业(D05T09)、纸制品及印刷业(D17T18)、化学品和医药产品的制造(D20T21)、其他非金属矿物制品制造(D15)、基本金属制造(D24)、金属制品制造业(D25);其他行业为轻污染行业。

以下基于前项分解以固定效应模型对 GVC 参与度对不同行业的影响进行估计,如表 8-11 所示。从估计结果看,对于轻污染行业来说,GVC前向参与度显著地减少了出口隐含碳;而对重污染行业来说,GVC 前向参与度的提高影响不显著。

表 8-11　GVC 分工对中国不同行业贸易隐含碳的影响估计

变量	轻污染行业			重污染行业		
	(11)	(12)	(13)	(14)	(15)	(16)
gvc_f	−3.067**			−0.484		
	(−0.98)			(−0.67)		
gvc_fsim		−6.348**			−1.421	
		(−1.94)			(−1.07)	
gvc_fcom			−5.280**			−0.149
			(−1.87)			(−1.63)
lnsca	0.0941	0.089	0.0989	0.230***	0.244***	0.215***
	(0.18)	(0.18)	(0.19)	(0.06)	(0.07)	(0.06)
str	−10.26**	−9.653*	−11.39**	1.337	1.207	1.429
	(−3.86)	(−3.83)	(−3.92)	(2.76)	(2.74)	(2.79)
energy	−0.34	−0.345	−0.339	−0.789***	−0.740***	−0.838***
	(−0.23)	(−0.22)	(−0.25)	(−0.20)	(−0.20)	(−0.20)
Constant	5.082*	5.243**	4.911*	1.629**	1.527**	1.725**
	(2.06)	(2.02)	(2.13)	(0.61)	(0.64)	(0.59)
Observations	66	66	66	121	121	121
R-squared	0.603	0.625	0.578	0.631	0.634	0.629
Number of id	6	6	6	11	11	11

(3)稳定性分析

为确保回归结果的可靠性,本书通过两种方法进行稳定性分析,一是改变核心解释变量,二是改变回归分析方法。首先,前文中 GVC 参与度、GVC 前向参与度和 GVC 后向参与度公式中，均使用一国国内增加值作为分母来测算，其原始数据来自对外经济贸易大学 GVC 数据库。本书参考 Koopman 等（2014）的做法，使用各行业出口作为分母重新测算 GVC 参与度，出口数据来自 OECD 数据库，得到新的 GVC 参与度指标 gvc_par，并重新进行回归，估计结果如表 8-12 所示。从回归结果可以看出，行业总体和轻污染行业的系数显著为负，而重污染行业的系数为正，表明 GVC 参与度提升对隐含碳排放的影响没有变化，上文所得结论稳定性良好。

表 8-12 稳定性分析 1

变量	(1) 行业总体	(2) 重污染行业	(3) 轻污染行业
gvc_par	−0.635*	3.247***	−1.594***
	(−0.454)	(0.903)	(−0.415)
lnsca	0.240***	0.0674	0.280***
	(0.039)	(0.080)	(0.044)
str	−4.237**	−15.38***	0.994
	(−1.788)	(−3.693)	(1.495)
energy	−0.281***	−0.345***	−0.536***
	(−0.066)	(−0.084)	(−0.188)
Constant	2.546***	2.951***	2.039***
	(0.479)	(0.952)	(0.462)
Observations	187	66	121
R-squared	0.465	0.625	0.674
Number of id	17	6	11

其次，本书使用更换回归方法进行稳定性分析，借鉴王玉燕和林汉川（2015）、李保民等（2020）的方法，本书采用可行广义最小二乘法（feasible generalized least squares，FGLS，也称全面 FGLS 方法）再次进行了估计[①]，估计结果如表 8-13 所示。Wald 检验和 Wooldridge 检验结果均拒绝不存在组间异方差和组内自相关的原假设，采用全面 FGLS 方法可行。为避免遗漏变量偏误，本书同时引入行业、时间固定效应，回归结果显示

---

① 一般认为，全面 FGLS 方法同时考虑了组内自相关、组间异方差或同期相关问题，估计更有效率。

GVC 嵌入度对隐含碳排放具有显著的抑制作用,前文的分析结果稳健。

表 8-13　稳定性分析 2

变量	（1）	（2）	（3）
	行业总体	重污染行业	轻污染行业
gvc_f	−0.559***	−0.282**	−1.347***
	（−0.207）	（−0.128）	（−0.106）
lnscale	0.852***	0.809***	0.867***
	（0.031）	（0.021）	（0.015）
structure	0.404	3.225*	2.138***
	（1.466）	（1.817）	（0.789）
tec	−0.0963***	−0.0548***	−0.135***
	（−0.008）	（−0.006）	（−0.006）
Constant	−4.944***	−5.144***	−4.211***
	（−0.367）	（−0.202）	（−0.177）
year	Yes	Yes	Yes
industry	Yes	Yes	Yes
Wald test	47789.24***	14518.13	305.81
Wooldridge test	115.523***	119.089***	63.651***
Observations	528	363	165
Number of id	48	33	15

第9章　中国制造业出口隐含碳减排对策

9.1　结　论

(1)中国制造业实现"双碳"目标需要格外重视国际碳转移排放问题

发展中国家和新兴经济体是国际制造业碳排放转移的主要承接者。世界贸易隐含碳排放规模在持续上涨,这一增长主要源于发展中国家和新兴经济体。尽管发展中国家和新兴经济体贸易隐含碳排放强度也在下降,但与发达经济体的差距并没有明显缩小,且下降趋势也不稳定。发达国家制造业出口比较隐含碳指数普遍高于发展中国家和新兴经济体,且这一差距还呈现扩大的趋势,尤其在计算机、光学及电气设备制造业上表现得最为突出。当前双边碳交流规模最大的是金属及金属制品制造业,增长最快的是计算机、电子及光学产品制造业。在 GVC 分工体系下,中国承接国际资本和产业转移,加工贸易成为中国开放型经济的重要组成部分,使得中国一直保持较高的贸易顺差。2020 年中国实现贸易顺差5350.3 亿美元,成为贸易顺差第一大国。同时受制于中国能源消费以煤炭为主、生产技术水平相对较低的条件,中国出口隐含碳远远大于进口隐含碳,存在十分明显的碳失衡情况。

研究期内,世界贸易隐含碳排放规模仍在持续上涨,这一增长主要源于发展中国家和新兴经济体。出口隐含碳排放强度排名靠前的主要是发展中国家和新兴经济体。尽管所有国家的制造业出口隐含碳排放强度都在下降,但发展中国家和新兴经济体制造业出口隐含碳排放强度整体远高于发达经济体的状态没有发生实质性变化,表明发展中国家和新兴经济体从事的是高碳行业或高碳环节的生产和出口存在一定的锁定现象。此外,相比发达国家,制造业出口隐含碳排放强度下降趋势在部分新兴经济体国家并不十分稳定,这种不稳定增加了全球减排目标实现的不确定性。

从制造业出口比较隐含碳指数情况看,发达国家绝大多数制造业出口比较隐含碳指数大于 1,而新兴经济体情况刚好相反,反映出发达国家单位隐含碳创造的国内增加值相对水平较高或环境成本相对较低,同时还表明当前发展中国家和新兴经济体制造业参与 GVC 分工,不但多数从事的是高碳行业或高碳环节的生产和出口,并且这些产品或环节的出口附加值还比较低。分行业看,2018 年,除其他制造业外,双方差距最大的是在计算机、光学及电气设备制造业。从变化趋势上看,整体上发达国家和新兴经济体之间的差距在扩大,同样在计算机、光学及电气设备制造业上表现最为突出。研究期内,新兴经济体中中国和墨西哥的情况改善较为明显。中国除了其他制造业外的所有行业 ECEC 指数均有较为明显的提升,但仍低于行业世界平均水平。印度、巴西、土耳其和印度尼西亚变化不大,而韩国、巴西和南非则趋于恶化。

从制造业子行业贸易隐含碳流向看,当前金属及金属制品制造业依然是双边隐含碳流第一大产业,且碳流规模仍呈现出缓慢上升的态势。计算机、电子及光学产品制造业双边隐含碳流增长最快,未来很有可能成为碳流最高的制造业行业。这两大行业应该成为未来气候谈判和国内节能减排关注的重点。中国是制造业隐含碳出口最高的国家,中美、中日和中韩的制造业隐含碳流占据全球制造业双边隐含碳流的前三位。

(2)国际贸易隐含碳网络是国际碳转移排放的重要载体

生产碎片化特征下的中间品贸易使得国与国之间的生产消费联系及相应的碳排放转移关系变得更为复杂,形成了全球范围的贸易隐含碳网络。全球制造业贸易隐含碳网络具有无标度和小世界特征,呈现出较为明显的社区结构和显著的"核心—边缘"特征。网络中转移规模较大的碳流仅存在于少数国家之间,网络中的节点之间存在较不对称的关联关系。从凝聚子群分析来看,研究期内,网络中的子群出现了高度集中化的趋势。此外,发达经济体的中心度指标相对稳定,部分发展中国家或新兴经济体的中心度指标显著提升。

全球制造业隐含碳网络具有无标度特征和小世界特征,并且网络呈现出明显的社区结构和显著的"核心—边缘"特征,少数发达国家和新兴经济体处于网络的"核心"位置,而大多发展中国家处于"边缘"位置。从凝聚子群分析来看,研究期内,网络中的子群出现了高度集中化趋势。发达经济体的中心度在国际贸易隐含碳网络中的位置相对稳定,而发展中国家或新兴经济体国家多数中心度均有显著提升,可见发达经济体通过贸易隐含碳网络实现了碳转出,而新兴经济体国家则接收了来自发达经济体的碳转入。中国已经成为世界贸易隐含碳网络出口的中心。以中国为代表的发展中国家承担的碳排放与其收益相比严重不匹配,因此在世界气候谈判中,以生产者责任原则确定碳排放责任有失公平。网络模体分析结果显示,在制造业隐含碳排放过程中,尽管由于经济全球化,国家间都存在相互的排放关系,但是隐含碳排放规模较大的碳流仅存在于少数国家之间,且隐含碳排放关系更加频繁。因此,国际碳减排措施应充分考虑各国在国际碳排放网络中的关联特征,不仅要进行碳排放"数量"的减排和限额,还需考虑多边投入产出关系下碳转移的主体关系,形成"数量—关系"双控的责任界定和减排思路。

(3)GVC分工深化是全球碳排放转移的重要动因

全球贸易的快速发展与以GVC分工为特征的新型国际分工体系密切相关。GVC分工对全球贸易隐含碳网络的影响体现在GVC分工的碳排放转移效应、碳锁定效应及碳排放抑制效应三个方面。首先,GVC分工的碳排放转移是产业转移和产品内贸易的结果,国际分工的复杂化和网络化带来了碳排放空间的复杂化和网络化。其次,碳抑制效应体现在一国或地区嵌入GVC可以通过提高生产技术水平降低该国或地区的隐含碳排放强度。最后,碳锁定效应体现在GVC分工可能会从技术和体制、制度等方面加深对分工参与国工业发展的高碳锁定。GVC分工对贸易隐含碳网络影响的总效应取决于各种机制的交互作用。

(4)中国制造业实现"双碳"目标要更深度地嵌入GVC,但要注重GVC地位提升

从全球经验看,首先,GVC分工网络对全球制造业贸易隐含碳网络影响显著。国家间GVC地位关系同国家间贸易隐含碳转移存在非线性关系。深度融入全球价值链是减少贸易隐含碳排放的重要路径。但是GVC分工对发展中国家的碳锁定效应突出。因此,一方面,新兴经济体

和发展中国家要以更加开放的思维寻求发展；另一方面，也要警惕嵌入GVC可能导致的"污染天堂"的产生，积极参与国际气候谈判，并通过加强自主创新、转变经济增长方式、调整进出口贸易结构等途径实现GVC地位的攀升和绿色技术的进步，进而有效减少贸易隐含碳的产生。

从实证分析结果看，首先，GVC分工网络对全球制造业隐含碳网络影响显著。在GVC分工深化的过程中，更多的节点被包含在网络中，节点之间的贸易联系更为密切。GVC分工不仅改变了双边贸易隐含碳流量，也改变了全球贸易隐含碳网络的整体特征。国家间GVC地位关系同国家间隐含碳转移存在非线性关系。一国相对于另一国GVC地位指数的上升会造成该国出口隐含碳的先上升再下降。其次，各国（地区）制造业GVC分工对其在隐含碳网络中的中心性影响显著。经济发展水平、人口、贸易规模、贸易结构、技术水平都能够直接作用于隐含碳排放从而改变节点中心性。GVC嵌入对隐含碳网络节点加权出度的影响为负，且呈现不断提高的趋势，深度融入全球价值链是减少隐含碳排放的重要路径。GVC分工地位提高没有明显地降低一国出口隐含碳。相反地，对于那些节点加权度本身很高的国家或地区来说，GVC地位的提高使得其网络加权出度进一步升高，GVC对发展中国家的碳锁定效应突出。因此，一方面，新兴经济体和发展中国家要以更加开放的思维寻求发展，更加积极地参与GVC分工；另一方面，也要警惕嵌入GVC可能导致的"污染天堂"的产生，并通过自主创新、外部引进、技术外溢等渠道实现价值链地位的攀升和绿色技术的进步，进而有效减少贸易隐含碳的产生。GVC前向参与度对节点的加权出度影响不显著，但后向参与度可以大大降低节点加权出度。对发展中国家和新兴经济体来说，本身前向参与度低，价值链分工地位不高，当前通过GVC嵌入减少碳排放仍然是通过后向参与方式实现的。可见隐含碳排放规模较大的发展中国家可以利用其在网络中较强的回旋余地和调控能力，深入推进制造业技术进步和产业升级，提高GVC的前向参与度，有可能更好地解决污染排放问题，提升制造业绿色发展水平。

9.2 政策建议

基于前述研究结论,提出以下政策建议。

第一,积极参与国际气候外交,推动国际社会低碳化发展。积极推动碳排放责任机制改革。环境和气候问题是体现人类命运共同体理念最直接的实践载体。世界范围内长期、大规模存在的隐含碳排放转移问题应在全球气候治理中受到应有的重视。《京都议定书》所确定的基于本土和生产侧计算各国碳排放的标准这一制度安排的公平合理性有待提高。在全球价值链深化背景下,许多发展中国家的出口替代了部分发达国家的碳排放,但其出口收益带来的补偿远远不能弥补环境代价。作为隐含碳净出口大国,中国在联合国相关气候问题谈判中应高度重视转移排放问题,既要强调发展排放,也要强调转移排放,积极主张基于生产侧与消费侧共同承担碳排放责任的核算机制,为包括本国在内的广大发展中国家争取合理的发展空间。

应加强与其他国家在碳减排领域的合作,尤其是加强与广大发展中国家的合作。包括金砖国家和部分新兴经济体在内的许多发展中国家和地区都属于隐含碳排放净出口国,与我国面临类似的减排压力和共同的利益诉求,可以推动彼此之间在关键和重大议题上的合作。进一步深化与以 G7 为代表的发达国家之间的合作,探索构建综合考虑隐含碳的气候机制及贸易机制。同时主动学习借鉴发达国家在气候治理方面的政策措施,大力引进发达国家在治理环境污染方面的先进经验和技术设备。与国际社会共同努力,建设合作共赢、公平正义、共同但有区别责任的全球气候治理制度,推动全球绿色、低碳、可持续发展。

第二,参与全球资源深度整合,提高 GVC 分工地位。一是积极参与全球资源深度整合,向微笑曲线两端延伸。本书研究表明,发展中国家和新兴经济体更多的是以后向参与的方式融入全球价值链分工体系中,主要扮演着"价值输入"的角色,整体价值链分工地位仍较低,容易陷入碳锁定,是当前隐含碳排放增加的重要原因,因此应鼓励企业更主动地融入全球价值链分工体系,加快向研发设计、销售服务等高端环节的嵌入,积极参与全球资源深度整合。同时,面临百年未有之大变局,应借助构建以国内大循环为主体、国内国际双循环相互促进的新发展格局历史契机,发挥国内大市场需求优势,加快提升我国产业链供应链的整体国际竞争力。二是积极引领区域价值链分工,通过分工地位提升摆脱失衡困境。在融入以发达国家为主导的全球价值链体系的过程中,作为发展中国家,我国也面临着低端锁定的发展瓶颈。当我们向上攀升价值链时,还面临可能的脱钩风险。因此,构建以中国为引领的区域价值链分工体系,对于价值链地位攀升和供应链稳定都具有重要的意义。在当前形势下,以"一带一路"建设为契机,加强与东盟国家或更多共建国家和地区的经济合作,发挥自身在资金和技术方面的相对优势,在区域范围内合理布局各类产业生产环节,并将更多设计、研发等高附加值和低碳生产环节留在国内,逐步实现在区域价值链上的引领,进而提高在全球价值链分工中的地位,降低整体碳排放水平。

第三,调整进出口贸易结构,实现贸易和环境的"双赢"。一是努力提升服务贸易竞争力,扩大服务贸易出口规模。服务贸易资源消耗低、环境污染小,属于典型的低碳行业。进一步提升服务贸易竞争力,扩大其出口规模及占比,对于降低我国出口隐含碳规模具有重要的意义,同时还有助于推动我国制造业国际竞争力进一步增强和在全球价值链中地位的攀升。应加快推进服务业对外开放,重点提升研发与设计服务、商务服务、信息服务和金融服务等高端生产性服务业的开放水平。持续改善营商环境,打造促进服务贸易发展的生态系统(张琦等,2020)。二是适当控制高碳行业产品生产出口规模。制造业中的金属冶炼制造业、电气设备制造业、机械设备制造业等占比较高,是造成我国出口隐含碳居高不下的主要原因。适当控制这类行业产品的生产出口规模对降低我国出口隐含碳规模、提早实现碳排放达峰和实现碳中和具有重要的意义。创造条件鼓励其中部分行业企业走出去,引导其在"一带一路"或全球范围内科学布局生产基地。与此同时,应落实"主动扩大进口"措施,放宽部分高碳行业产品的进口限制。

第四,切实转变经济增长方式,发展清洁生产。一是加快国内生产向智能、清洁、绿色转型。这是降低贸易隐含碳排放的最有效手段,也是我国经济社会实现高质量发展的必然要求。对内要积极推进科技进步和创新,增强自主创新能力,鼓励低碳技术创新,推动创新成果转化推广。尤其在金属及金属制品制造业和计算机、光学及电气设备制造业等重点领域要加强引导和投入,努力提升低碳技术应用水平并提高产品附加值。对外要进一步加大清洁产业、清洁技术的引进力度,降低高新技术行业的准入门槛。积极发展战略性新兴产业,培育新的经济增长点,引导中国经济发展与碳排放逐步脱钩。二是发展先进制造业与淘汰落后产能并举,推进产业结构的低碳化转型。根据本书研究可知,制造业对失衡的贡献度最大,其理所应当地成为缓解现有失衡关系的重点关注领域。《中国制造 2025》中关于制造业绿色发展目标的实现将积极推进国内产业结构的低碳化转型,其中大力发展先进制造业会成为产业结构优化的关键。与此同时,淘汰落后产能始终是国内推进产业结构升级的重要举措,而落后产能的高排放、高耗能特点是产业结构低碳化发展的重要制约因素。所以,结合上述两方面内容推进产业结构低碳化转型,能够为解决出口贸易利益与环境成本失衡问题提供双重动力。

参考文献

[1]Abdul,K. M. Azhar & Robert,J. R. Elliott,On the Measurement of Changes in Product Quality in Marginal Intra-Industry Trade[J]. Review of World Economics,2008,142(3):476-495.

[2]Acquaye,A. ,Feng,K. ,Oppon,E. , et al. Measuring the Environmental Sustainability Performance of Global Supply Chains: A Multiregional Input-output Analysis for Carbon, Sulphur Oxide and Water Footprints[J]. Journal of Environmental Management, 2017(187): 571-585.

[3]An,F. ,Gao,X. ,Guan,J. ,et al. An Evolution Analysis of Executive-based Listed Company Relationships Using Complex Networks[J]. Physica A:Statistical Mechanics and Its Applications, 2006(447): 276-285.

[4]An,Q. ,An,H. ,Wang,L. ,et al. Analysis of Embodied Exergy Flow between Chinese Industries Based on Network Theory[J]. Ecological Modelling, 2015(318):26-35.

[5]Anderson,J. E. & Van Wincoop,E. Gravity with GraTiVAs:A Solution to the Border Puzzle[J]. American Economic Review,2003,93(1):170-192.

[6]Andrew,R. M. ,Davis,S. J. & Peters,G. P. Climate Policy and Dependence on Traded Carbon[J]. Environmental Research Letters, 2013,8(3):1-7.

[7]Antràs,P & Chor,D. Organizing the Global Value Chain[J]. Econometrica,2013,81(6): 2127-2204.

[8]Antràs,P. ,Chor,D. ,Fally,T. ,et al. Measuring the Upstreamness of Production and Trade Flows[J]. American Economic Review Papers and Proceedings,2012,102(3):412-416.

[9]Antweiler, W. How Effective Is Green Regulatory Threat? [J]. American Economic Review, 2003,93(2):436-441.

[10]Arce,G. ,López,L. A. & Guan,D. Carbon Emissions Embodied in International Trade:The Post-China Era[J]. Applied Energy,2016 (184):1063-1072.

[11]Arndt,S. W. & Kierzkowski,H. Fragmentation: New Production Patterns in the World Economy[M]. Oxford :Oxford University Press, 2001.

[12]Auty, R. Sustaining Development in Mineral Economies[C]//European Conference on Lasers & Electro-optics. Piscataway : IEEE, 1993.

[13]Baiocchi,G. ,Peters,G. P. ,Roberts,J. T. ,et al. Pathways of Human Development and Carbon Emissions Embodied in Trade[J]. Nature Climate Change,2012,2(2):81-85.

[14]Balassa, B. Trade Liberalization and "Revealed" Comparative Advantage[J]. The Manchester School, 1965,33(2): 99-123.

[15]Bandyopadhyay,A. & Kar,S. Coevolution of Cooperation and Network Structure in Social Dilemmas in Evolutionary Dynamic Complex Network [J]. Applied Mathematics and Computation, 2018 (320):710-730.

[16]Barabási, A-L. ,Jeong, H. ,Néda,Z. , et al. Evolution of the Social Network of Scientific Collaborations[J]. Physica A: Statistical Mechanics and Its Applications,2002,311(3):590-614.

[17]Barabási,A-L. & Albert,R. Emergence of Scaling in Random Networks[J]. Science,1999,286(5439):509-512.

[18]Barabási,A-L. The Network Takeover[J]. Nature Physics,2012,8 (1):14-16.

[19]Barrett, J. , Peters, G. , Wiedmann, T. ,et al. Consumption-based GHG Emission Accounting: A UK Case Study[J]. Climate Policy, 2013,13(4):451 - 470.

[20]Bernard,A. B. , Jensen,J. B. & Lawrence,R. Z. Exporters, Jobs, and Wages in US Manufacturing: 1976—1987[J]. Brookings Papers on Economic Activity. Microeconomics, 1995(1995):67-119.

[21]Bernard,A. B. ,Jensen,J. B. & Redding,S. J. Firms in International Trade[J]. Journal of Economic Perspectives,2007,21(3) : 105-130.

[22]Bhagwati,J. N. The Case for Free Trade[J]. Scientific American, 1993,269(5):42-47.

[23]Brizga,J. ,Feng,K. & Hubacek,K. Household Carbon Footprints in the Baltic States: A Global Multi-regional Input - output Analysis from 1995 to 2011[J]. Applied Energy,2016(189):780-788.

[24]Buciuni,G. & Finotto,V . Innovation in Global Value Chains:Colocation of Production and Development in Italian Low-Tech Industries[J]. Regional Studies, 2016,50(12):2010-2023.

[25]Bushnell,J. & Chen,Y. Allocation and Leakage in Regional Cap-and-Trade Markets for CO_2[J]. Resource and Energy Economics, 2012,34(4):647-668.

[26]Cahill,C. J. & Gallachóir,B. P. O. Combining Physical and Economic Output Data to Analyse Energy and CO_2 Emissions Trends in Industry[J]. Energy Policy,2012,49(OCT.):422-429.

[27]Carlo,P. & Roberta,R. Global Value Chains Meet Innovation Systems:Are There Learning Opportunities for Developing Countries? [J]. World Development,2011,39(7):1261-1269.

[28]Cepeda,M. ,MSc,Sch. J. , et al. Levels of Ambient Air Pollution according to Mode of Transport: A Systematic Review[J]. Lancet Public Health,2017,2(1):e23-e34.

[29]Chaney,T. Distorted Gravity:The Intensive and Extensive Margins of International Trade[J]. American Economic Review,2008,98(4):

1701-1721.

[30]Chen,B. ,Li,J. S. ,Wu,X. F. ,et al. Global Energy Flows Embodied in International Trade: A Combination of Environmentally Extended Input-output Analysis and Complex Network Analysis[J]. Applied Energy,2018(210):98-107.

[31]Chen,G. Q. & Zhang,B. Greenhouse Gas Emissions in China 2007: Inventory and Input-output Analysis[J]. Energy Policy, 2010, 38 (10):6180-6193.

[32]Chen,L. , Liang,S. ,Liu,M. et al. Trans-provincial Health Impacts of Atmospheric Mercury Emissions in China[J]. Nature Communications, 2019, 10(1): 1484.

[33]Chen,S. & Chen,B. Urban Energy Consumption: Different Insights Fom Energy Flow Analysis,Input-output Analysis and Ecological Network Analysis[J]. Appliedc Energy,2015(138):99-107.

[34]Chen,S. ,Chen,B. Urban Energy - water Nexus: A Network Perspective[J]. Applied Energy, 2016(184): 905-914.

[35]Chichilnisky,G. North-south Trade and the Global Environment [J]. American Economic Review,1994,84(4):851-874.

[36]Chor,D. , Manova,K. & Yu,Z. The Global Production Line Position of Chinese Firms[P]//Industrial Upgrading and Urbanization Conference, Stockholm,2014: 29.

[37]Copeland,B. R. & Scott,T. M. North-South Trade and the Environment[J]. The Quarterly Journal of Economics, 1994,109(3): 755-787.

[38]Dassisti,M. & Carnimeo,L. A Small-world Methodology of Analysis of Interchange Energy-networks: The European Behaviour in the Economical Crisis[J]. Energy Policy,2013(63):887-899.

[39]Daudin, G. , Rifflart, C. & Schweisguth, D. Who Produces for Whom in the World Economy? [J]. Canadian Journal of Economics, 2011,44(4):1403-1437.

[40]David,V. Trading Up:Consumer and Environmental Regulation in a Global Economy[J]. American Political Science Review, 1996,90 (2):472-473.

[41]Davis,S. J.,Peters,G. P. & Caldeira,K. The Supply Chain of CO_2 Emissions[J]. Proceedings of the National Academy of Sciences of the United States of America,2011,108(45):18554-18559.

[42]Davis,S. J. & Caldeira,K. Consumption-based Accounting of CO_2 Emissions[J]. Proceedings of the National Academy of Sciences of the United States of America,2010,107(12):5687-5692.

[43]De Nooy,W.,Mrvar,A. & Batagelj,V. Exploratory Social Network Analysis with Pajek[M]. Cambridge:Cambridge University Press, 2005.

[44]Dean,J. M. Does Trade Liberalization Harm the Environment? A New Test[J]. Canadian Jouranl of Economics,2002,35(4):819-842.

[45]Dean, J. M. & Lovely, M. E. Trade Growth, Production Fragmentation, and China's Environment[R]. National Bureau of Economic Research, 2008.

[46]Del Prete,D.,Giovannetti,G. & Marvasi,E. Global Value Chains Participation and Productivity Gains for North African Firms[J]. Review of World Economics,2017,153(4):675-701.

[47]Ding,T.,Ning,Y. D. & Zhang,Y. The Contribution of China's Bilateral Trade to Global Carbon Emissions in the Context of Globalization[J]. Structural Change and Economic Dynamics,2018(46): 78-88.

[48]Dixit,A. K. & Grossman,G. M. Trade and Protection with Multistage Production[J]. The Review of Economic Studies, 1982, 49 (4): 583-594.

[49]Dong,D.,An,H. Z. & Huang,S. The Transfer of Embodied Carbon in Copper International Trade:An Industry Chain Perspective

[J]. Resources Policy,2017(52):173-180.

[50]Du,H. ,Guo,J. ,Mao,G. , et al. CO2 Emissions Embodied in China - US Trade: Input - output Analysis Based on the Emergy/Dollar Ratio[J]. Energy Policy,2011,39(10):5980-5987.

[51]Du,R. ,Wang,Y. ,Dong,G. ,et al. A Complex Network Perspective on Interrelations and Evolution Features of International Oil Trade,2002—2013[J]. Applied Energy,2017(196):142-151.

[52]Duan,Y. & Jiang,X. Visualizing the Change of Embodied CO_2 Emissions along Global Production Chains[J]. Journal of Cleaner Production,2018(194):499-514.

[53]Egger,P. & Larch,M. Interdependent Preferential Trade Agreement Memberships:An Empirical Analysis[J]. Journal of International Economics,2008,76(2):384-399.

[54]Erdős, P. & Rényi, A. On Random Graphs [J]. Publicationes Mathematicae,1959(6):290-297.

[55]Erdős, P. & Rényi, A. On Random Graphs I[J]. Publicationes Mathematicae, 1959(4):3286-3291.

[56]Ethier,W. J. National and International Returns to Scale in the Modern Theory of International Trade[J]. The American Economic Review, 1982, 72(3): 389-405.

[57]Evenett,S. & Keller,W. On Theories Explaining the Success of the Gravity Equation[J]. Journal of Political Economy,2002(110):281-316.

[58]Fagiolo,G. ,Reyes,J. & Schiavo,S. On the Topological Properties of the World Trade Web:A Weighted Network Analysis[J]. Physics A Statistical Mechanics & Its Applications, 2008 (387): 3868-3873.

[59]Fally,T. On the Fragmentation of Production in the US[R]. University of Colorado Mimeo, 2011.

[60]Fally,T. Production Staging: Measurement and Facts[Z]. Univer-

sity of Colorado – Boulder, 2012.

[61]Fan, P. , Ouyang, Z. , Basnou, C. , et al. Nature-based Solutions for Urban Landscapes under Post-industrialization and Globalization: Barcelona versus Shanghai[J]. Environmental Research, 2017 (156): 272-283.

[62]Felbermayr,G. & Kohler,W. Exploring the Extensive and Intensive Margins of World Trade[J]. Review of World Economics,2005, 142(4):642-674.

[63]Foster-McGregor, N. , Stehrer, R. & Timmer, M. International Fragmentation of Production, Trade and Growth: Impacts and Prospects for EU Member States[R]. WIIW Research Report, 2013.

[64]Franz,U. P. & John,S. Social Network Analysis:A Handbook[J]. Contemporary Sociology,1993,22(1):128.

[65]Freeman, L. C. Centrality in Social Networks : Conceptual Clarification[J]. Social Network, 1979, 1(3):215-239.

[66]Freeman,L. C. A Set of Measures of Centrality Based on Betweenness[J]. Sociometry,1977,40(1):35-41.

[67]Gao,C. ,Su,B. ,Sun,M. ,et al. Interprovincial Transfer of Embodied Primary Energy in China:A Complex Network Approach[J]. Applied Energy,2018(215):792-807.

[68]Gao,X. ,Fang,W. ,An,F. ,et al. Detecting Method for Crude Oil Price Fluctuation Mechanism under Different Periodic Time Series [J]. Applied Energy,2017(192):201-212.

[69]Garlaschelli,D. ,Loffredo,M. I. & Garlaschelli,D. ,et al. Structure and Evolution of the World Trade Network[J]. Physica A:Statistical Mechanics & Its Applications,2005,355(1):138-144.

[70]Ge,J. P. ,Wang,X. B. ,Guan,Q. ,et al. World Rare Earths Trade Network:Patterns, Relations and Role Characteristics[J]. Resource Policy,2016(50):119-130.

[71]Geng,J. B. ,Ji,Q. & Fan,Y. A Dynamic Analysis on Global Natural Gas Trade Network[J]. Applied Energy,2014(132):23-33.

[72]Gereffi, G. , Humphrey, J. , Kaplinsky, R. , et al. Introduction: Globalisation, Value Chains and Development [J]. IDS Bulletin, 2001,32(3):1-8.

[73]Goyal, S. Connections: An Introduction to the Economics of Networks[M]. Princeton:Princeton University Press,2007.

[74]Granovetter,M. S. The Strength of Weak Ties[J]. American Journal of Sociology,1973,78(6):1360-1380.

[75]Grossman, G. M. & Krueger, A. B. Environmental Impacts of a North American Free Trade Agreement [R]. NBER Working Paper,No. 3914,1991.

[76]Grubel, H. G. & Lloyd,P. J. Intra-industry Trade: The Theory and Measurement of International Trade in Differentiated Products [M]. New York:John Wiley and Sons, 1975.

[77]Gwatipedza,J. & Barbier,E. Environmental Regulation of a Global Pollution Externality in a Bilateral Trade Framework: The Case of Global Warming,China and the US[J]. Economics-The Open-Access,Open-Assessment E-Journal,2014,8(1):1-37.

[78]Haas,P. M. Parxit,the United States,and the World [J]. Chinese Journal of Population Resources and Environment,2017,15(3):186-188.

[79]Hamilton,S. F. & Requate,T. Vertical Structure and Strategic Environmental Trade Policy[J]. Journal of Environmental Economics and Management,2004,47(2):260-269.

[80]Hausmann,R. ,Hwang,J. & Rodrik,D. What You Export Matters [J]. Journal of Economic Growth,2007,12(1):1-25.

[81]Helpman,E. A Simple Theory of International Trade with Multinational Corporations[J]. Journal of Political Economy, 1984, 92(3): 451-471.

[82] Helpman, E. , Melitz, M. & Rubinstein, Y. Estimating Trade Flows:Trading Partners and Trading Volumes[J]. Quarterly Journal of Economics,2008,123(2):441-487.

[83]Hertwich,E. G. & Peters, G. P. Carbon Footprint of Nations: A Global, Trade-linked Analysis[J]. Environmental Science & Technology, 2009, 43(16):6414-6420.

[84]Hilton,I. & Kerr,O. The Paris Agreement:China's "New Normal" Role in International Climate Negotiations[J]. Climate Policy,2017 (17):48-58.

[85]Hoekstra,A. Y. & Wiedmann,T. Humanity's Unsustainable Environmental Footprint[J]. Science,2014,344(7):1114-1117.

[86] Howarth, R. B. , Schipper, L. , Duerr, P. A. , et al. Manufacturing Energy Use in Eight OECD Countries:Decomposing the Impacts of Changes in Output, Industry Structure and Energy Intensity[J]. Energy Economics,1991,13(2):135-142.

[87]Hummels,D. ,Ishii,J. & Yi,K. M. The Nature and Growth of Vertical Specialization in World Trade[J]. Journal of International Economics,2001,54(1):75-96.

[88] Hummels, D. & Klenow, P. J. The Variety and Quality of a Nation's Exports[J]. American Economic Review,2005,95(3):704-723.

[89]IEA. CO_2 Emissions from Fuel Combustion 2018:Overview [EB/OL]. (2020-06-29)[2022-10-15]. https://webstore. iea. org/co2-emissions-from-fuel-combustion-2018-overview.

[90]IPCC. 2006 IPCC Guidelines for National Greenhouse Gasinventories[M]. Kanagawa:IGES,2006.

[91]IPCC. Climate Change 2007:The Physical Science Basis:Contribution of Working Group I to the Fourth Assessment Report of the Intergovernmental Panel on Climate Change[M]. Cambridge:Cambridge University Press,2007.

[92]Jaffe,A. B. & Palmer,K. Environmental Regulation and Innovation:A Panel Data Study[J]. Review of Economics and Statistics, 1997,79(4):610-619.

[93]James,R. M. An Alternative Base Case for Modeling Trade and the Global Environment[J]. Journal of the Association of Environmental and Resource Economists,2017,4(3):895-925.

[94]Jayadevappa,R. & Chhatre,S. International Trade and Environmental Quality:A Survey[J]. Ecological Economics,2000,32(2): 175-194.

[95]Jiang, X. & Guan, D. The Global CO_2 Emissions Growth after International Crisis and the Role of International Trade[J]. Energy Policy, 2017(109): 734-746.

[96]Jiang,M. ,An,H. ,Gao,X. ,et al. Factors Driving Global Carbon Emissions:A Complex Network Perspective[J]. Resource, Conservation and Recycling,2019(146):431-440.

[97]Jiang,X. & Liu,Y. Global Value Chain,Trade and Carbon:Case of Information and Communication Technology Manufacturing Sector [J]. Energy for Sustainable Development,2015(25):1-7.

[98]Johnson,R. C. & Noguera,G. Accounting for Intermediates:Production Sharing and Trade in Value Added[J]. Journal of International Economics,2012,86(2):224-236.

[99]Ju,J. D. & Yu,X. D. Productivity,Profitability,Production and Export Structures along the Value Chain in China[J]. Journal of Comparative Economics,2015,43(1):33-54.

[100]Kagawa S. , Suh S . , Hubacek K. ,et al. CO_2 Emission Clusters within Global Supply Chain Networks: Implications for Climate Change Mitigation[J]. Global Environmental Change, 2015(35): 486-496.

[101]Kali,R. & Reyes,J. The Architecture of Globalization:A Network Approach to International Economic Integration[J]. Journal

of International Business Studies,2007(38):595-620.

[102]Karlsson, R. Carbon Lock-in,Rebound Effects and China at the Limits of Statism[J]. Energy Policy,2012(51):939-945.

[103]Kemp,L. Better Out Than In[J]. Nature Climate Change,2017 (7):458-460.

[104]Kitamura, T. & Managi, S. Driving Force and Resistance:Network Feature in Oil Trade[J]. Applied Energy,2017(208):361-375.

[105]Koenker, R. Quantile Regression for Longitudinal Data[J]. Journal of Multivariate Analysis,2004,91(1):74-89.

[106]Kogut,B. Designing Global Strategies:Comparative and Competitive Value-added Chains[J]. Sloan Management Review (pre-1986), 1985, 26(4): 15.

[107]Koopman, R. ,Wang, Z. & Wei,S. J. Tracing Value-Added and Double Counting in Gross Exports[J]. American Economic Review,2014,104(2):459-494.

[108]Krugman, P. , Cooper, R. N. & Srinivasan, T. N. Growing World Trade:Causes and Consequences[J]. Brookings Papers on Economic Activity, 1995, 1995(1): 327-377.

[109]Lenzen,M. ,Lise-Lotte,P. & Jesper,M. CO$_2$ Multipliers in Multi-Region Input-Output Models[J]. Economic Systems Research, 2004,16(4):391-412.

[110]Leontief,W. Input-Output Economics [M]. 2nd. ed. New York: Oxford University Press, 1986.

[111]Lewis,T. G. Network Science:Theoy and Applications[M]. Hoboken:John Wiley & Sons, Inc. , 2009.

[112]Li,H. ,Fang,W. & An,H. ,et al. Holding-based Network of Nations Based on Listed Energy Companies:An Empirical Study on Two-mode Affiliation Network of Two Sets of Actors[J]. Physica A:Statistical Mechanics and Its Applications,2016(449):224-232.

[113]Li,Q. ,Wen,B. ,Wang,G. , et al. Study on Calculation of Carbon Emission Factors and Embodied Carbon Emissions of Iron-containing Commodities in International Trade of China[J]. Journal of Cleaner Production,2018(191):119-126.

[114]Li,Y. L. , Chen,B. & Chen,G. Q. Carbon Network Embodied in International Trade:Global Structural Evolution and Its Policy Implications[J]. Energy Policy, 2020(139): 111316.

[115]Liang,S. ,Feng,Y. & Xu,M. Structure of the Global Virtual Carbon Network:Revealing Important Sectors and Communities for Emission Reduction[J]. Journal of Industrial Ecology, 2014,19(2): 307-320.

[116]Lin,B. Q. & Sun,C. W. Evaluating Carbon Dioxide Emissions in International Trade of China[J]. Energy Policy,2010,38(1):613-621.

[117]Liu, H. , Li, J. , Long, H. , et al. Promoting Energy and Environmental Efficiency within A Positive Feedback Loop:Insights from Global Value Chain[J]. Energy Policy, 2018(121): 175-184.

[118]Liu,C. & Zhao,G. Can Global Value Chain Participation Affect Embodied Carbon Emission Intensity? [J]. Journal of Cleaner Production,2020,287(4):125069.

[119]Liu,H. G. ,Liu,W. D. ,Fan,X. M. ,et al. Carbon Emissions Embodied in Demand-Supply Chains in China[J]. Energy Economics, 2015(50):294-305.

[120]Magee,C. New Measures of Trade Creation and Trade Diversion [J]. Journal of International Economics,2008(75):349-362.

[121]Malik, A. & Lan, J. The Role of Outsourcing in Driving Global Carbon Emissions[J]. Economic Systems Research, 2016, 28(2): 168-182.

[122]Managi,S. ,Hibiki,A. & Tsurumi,T. Does Trade Openness Improve Environmental Quality? [J]. Journal of Environmental Eco-

nomics & Management,2009,58(3):346-363.

[123]Meng,B.,Peters,G.,Wang,Z.,et al. Tracing CO_2 Emissions in Global Value Chains[J]. Energy Economics,2018(73):24-42.

[124]Mi, Z., Meng, J., Green, F., et al. China's "Exported Carbon" Peak: Patterns, Drivers, and Implications[J]. Geophysical Research Letters, 2018, 45(9): 4309-4318.

[125]Miller,R. E. & Blair,P. D. Input-Output Analysis:Foundations and Extensions Second Edition[M]. Cambridge:Cambridge University Press, 2009.

[126]Milo,R.,Shen-Orr,S.,Itzkovitz,S.,et al. Network Motifs: Simple Building Blocks of Complex Networks[J]. Science,2002,298 (5594):824-827.

[127]Munoz,P. & Steininger,K. W. Austria's CO_2 Responsibility and the Carbon Content of Its International Trade[J]. Ecological Economics,2010,69(10):2003-2019.

[128]Newman,M. E. J. & Girvan,M. Finding and Evaluating Community Structure in Networks[J]. Physical Review, 2004, 69 (2): 26113.

[129]Nicholas,G. The Case for Regional Policies[J]. Scottish Journal of Political Economy,2013(60):481-491.

[130]Paltsev,S. V. The Kyoto Protocol:Regional and Sectoral Contributions to the Carbon Leakage[J]. The Energy Journal,2001,22 (4):53-79.

[131]Paterson,M.,Hoffmann,M.,Betsill,M.,et al. The Micro Foundations of Policy Diffusion toward Complex Global Governance:An Analysis of the Transnational Carbon Emission Trading Network [J]. Comparative Political Studies,2014,47(3):420-449.

[132]Peters,G. P. & Hertwich,E. G. The Application of Multi-regional Input-Output Analysis to Industrial Ecology[J]. Springer Netherlands, 2009(23):847-863.

[133]Peters, G. P. From Production-based to Consumption-based National Emission Inventories[J]. Ecological Economics, 2008, 65 (1): 13-23.

[134]Peters, G. P. , Davis, S. J. & Andrew, R. A. Synthesis of Carbon in International Trade[J]. Biogeosciences, 2012, 9(8): 3247-3276.

[135]Peters, G. P. & Hertwich, E. G. CO_2 Embodied in International Trade with Implications for Global Climate Policy[J]. Environmental Science & Technology, 2008a, 42(5): 1401-1407.

[136]Peters, G. P. & Hertwich, E. G. Post-Kyoto Greenhouse Gas Inventories: Production versus Consumption[J]. Climatic Change, 2008b, 86(1): 51-66.

[137]Peters, G. P. , Minx, J. C. , Weber, C. L. , et al. Growth in Emission Transfers via International Trade from 1990 to 2008[J]. Proceedings of the National Academy of Sciences, 2011, 108(21): 8903-8908.

[138]Porter, M. E. & Linde, C. V. D. Toward A New Conception of the Environment-Competitiveness Relationship[J]. Journal of Economic Perspectives, 1995, 9(4): 97-118.

[139]Porter, M. E. Technology and Competitive Advantage[J]. Journal of Business Strategy, 1985, 5(3): 60-78.

[140]Porter, M. E. Towards a Dynamic Theory of Strategy[J]. Strategic Management Journal, 1991, 12(S2): 95-117.

[141]Porter, M. E. & Linde, C. V. D. Green and Competitive: Ending the Stalemate[J]. Harvard Business Review, 1999, 28(6): 128-129.

[142]Reinaud, J. Climate Policy and Carbon Leakage: Impacts of the European Emissions Trading Scheme on Aluminium[R]. IEA Information Paper, OECD/IEA, Paris, France, 2008.

[143]Rhee, H. C. & Chung, H. S. Change in CO_2 Emission and Its Transmissions between Korea and Japan Using International Input-Output Analysis[J]. Ecological Economics, 2006, 58(4): 788-800.

[144]Rikard,F. ,Toshihiro,O. & Mark,S. Trade Liberalization,Transboundary Pollution,and Market Size[J].Journal of the Association of Environmental & Resource Economists,2017,4(3):927-957.

[145]Rodrik,D. What's so Special about China's Exports? [J]. China & World Economy,2006,14(5):1-19.

[146]Rose,A. K. Do We Really Know That the WTO Increases Trade? [J]. American Economic Review,2004,94(1):98-114.

[147]Rüstemoğlu,H. & Andrés,A. R. Determinants of CO_2 Emissions in Brazil and Russia between 1992 and 2011:A Decomposition Analysis[J]. Environmental Science & Policy,2016(58):95-106.

[148]Sánchez-Chóliz,J. & Duarte,R. CO_2 Emissions Embodied in International Trade:Evidence for Spain[J]. Energy Policy,2004,32 (18):1999-2005.

[149]Sanderson,B. & Knutti,R. Delays in US Mitigation Could Rule Out Paris Targets[J]. Nature Climate Change,2017(7):92-94.

[150]Sanyal,K. K. & Jones,R. W. The Theory of Trade in Middle Products[J]. The American Economic Review, 1982, 72(1): 16-31.

[151]Sato,M. Product Level Embodied Carbon Flows in Bilateral Trade [J]. Ecological Economics,2014(105):106-117.

[152]Schaeffer,R. & Sá,A. L. D. The Embodiment of Carbon Associated with Brazilian Imports and Exports[J]. Energy Conversion and Management,1996,37(6-8):955-960.

[153]Schenker,O. ,Koesler,S. & Llschel,A. On the Effects of Unilateral Environmental Policy on Offshoring in Multi-stage Production Processes[J]. Canadian Journal of Economics,2018,51(4):1221-1256.

[154]Schreurs,M. The European Union and the Paris Climate Agreement:Moving Forward Without the United States[J]. Chinese Journal of Population Resources and Environment,2017,15(3):

192-195.

[155]Serrano,M. & Boguna,M. Topology of the World Trade Web[J].
Physical Review,2003,68(2):634-646.

[156]Shui,B. & Harriss,R. C. The Role of CO_2 Embodiment in US-
China Trade[J]. Energy Policy,2006,34(2):4063-4068.

[157]Smith,D. A. & White,D. R. Structure and Dynamics of the Global
Economy:Network Analysis of International Trade 1965—1980
[J]. Social Forces,1992,70(4):857-893.

[158]Snyder,D. ,Kick, E. L. , et al. Structural Position in the World
System and Economic Growth, 1955—1970:A Multiple-Network
Analysis of Transnational Interactions[J]. American Journal of
Sociology,1979,84(5):1096-1126.

[159] Ståhls, M. , Saikku, L. & Mattila, T. Impacts of International
Trade on Carbon Flows of Forest Industry in Finland[J]. Journal
of Cleaner Production,2011,19(16):1842-1848.

[160]Su, B. & Ang, B. W. Multiplicative Structural Decomposition A-
nalysis of Aggregate Embodied Energy and Emission Intensities
[J]. Energy Economics, 2017(65): 137-147.

[161]Su,B. & Ang,B. Multiregion Input-output Analysis of CO_2 Emis-
sions Embodied in Trade:The Feedback Effects[J]. Ecological E-
conomics,2011,(71):42-53.

[162]Subramanian,A. & Wei,S. J. The WTO Promotes Trade,Strong-
ly but Unevenly[J]. Journal of International Economics,2007,72
(1):151-175.

[163]Subramanian,A. & Kessler,M. The Renminbi Bloc Is Here:Asia
Down,Rest of the World to Go? [J]. Journal of Globalization and
Development,2013,4(1):49-94.

[164]Sun C. , Li Z. , Ma T. ,et al. Carbon Efficiency and International
Specialization Position:Evidence from Global Value Chain Position
Index of Manufacture[J]. Energy Policy, 2019, 128(MAY):235-

242.

[165]Sun,X.,An,H.,Gao,X.,et al. Indirect Energy Flow between Industrial Sectors in China:A Complex Network Approach[J]. Energy,2016(94):195-205.

[166]Suweis,S.,Bertuzzo,E.,Mari,L. et al. On Species Persistence-time Distributions[J]. Journal of Theoretical Biology, 2012(303): 15-24.

[167]Swart,J. Intra-industry Trade and Heterogeneity in Pollution Emission[J]. The Journal of International Trade & Economic Development,2013,22(1):129-156.

[168]Taylor, S. M. Unbundling the Pollution Haven Hypothesis[J]. Advances in Economic Analysis & Policy, 2005, 4(2):28.

[169]Termushoev,U. Pollution Haven Hypothesis or Factor Endowment Hypothesis:Theory and Empirical Examination for the US and China[R]. CERGE-EI Working Paper,No. 292,2006.

[170]UNIDO. Competing Through Innovation and Learning:The Focus of UNIDO's Industrial Development 2002/2003[R]. Vienna:United Nations Industrial Development Organization,2002:107-116.

[171]Unruh,G. C. Understanding Carbon Lock-in[J]. Energy Policy, 2000,28(12):817-830.

[172]UZZI,B. Social Structure and Competition in Interfirm Networks: The Paradox of Embeddedness[J]. Administrative Science Quarterly,1997(42):35-67.

[173]Vanek,J. The Natural Resources Content of United States Foreign Trade[M]. Cambridge:MIT Press, 1963.

[174]Vega Redondo, F. Complex Social Networks [M]. Cambridge: Cambridge University Press,2007.

[175]Vries,D. J. G. & Ferrarini,B. What Accounts for the Growth of Carbon Dioxide Emissions in Advanced and Emerging Economies? The Role of Consumption, Technology and Global Supply Chain

Participation[J]. Ecological Economics,2017(132):213-223.

[176] Walter, I. & Ugelow, J. Environmental Policies in Developing Countries[J]. AMBIO : A Journal of the Human Environment, 1979,8(2):102-109.

[177] Wang, M. A., Zhao, Ch. B. & Christina, D. W. Composite Quantile Regression for GARCH Models Using High-frequency Data [J]. Econometrics and Statistics, 2018(7):115-133.

[178] Wang,H. & Ang,B. W. Assessing the Role of International Trade in Global CO_2 Emissions:An Index Decomposition Analysis Approach[J]. Applied Energy,2018(218):146-158.

[179] Wang,L. ,Yue,Y. ,Xie,R. ,et al. How Global Value Chain Participation Affects China's Energy Intensity[J]. Journal of Environmental Management,2020,260(4):110041.

[180] Wang,Z. H. ,Wei,L. ,Niu,B. ,et al. Controlling Embedded Carbon Emissions of Sectors Along the Supply Chains:A Perspective of the Power-of-pull Approach[J]. Applied Energy,2017(206): 1544-1551.

[181] Wang,Z. H. ,Wei,S. J. ,Yu,X. D. ,et al. Characterizing Global Value Chains:Production Length and Upstreamness[R]. NBER Working Paper,No. 23261,2017.

[182] Wang,Z. ,Wei,S. J. & Zhu,K. F. Quantifying International Production Sharing at the Bilateral and Sector Levels[R]. NBER Working Paper,No. 19677,2013.

[183] Wang,Z. ,Wei,S. J. ,Yu,X. D. ,et al. Measures of Participation in Global Value Chains and Global Business Cycles[R]. NBER Working Paper,No. 23222,2017.

[184] Wang,Z. ,William,P. & Wei,S. J. Value Chains in East Asian Production Networks:An International Input-Output Model Based Analysis[R]. NBER Working Paper,No. 10,2009.

[185] Wasserman,S. & Faust,K. Social Networks Analysis:Methods

and Applications [M]. Cambridge: Cambridge University Press, 1994.

[186]Watts,D. & Strogatz,S. Collective Dynamics of "Small World" Networks[J]. Nature,1998,393(6684):440-442.

[187]Wheeler, D. Racing to the Bottom: Foreign Investment and Air Pollution in Developing Countries[J]. The Journal of Environment & Development,2001,10(3):225-245.

[188]Wiedmann,T. & Barrett,J. Policy-Relevant Applications of Environmentally Extended MRIO Databases-Experiences from the UK [J]. Economic Systems Research,2013,25(3):143-156.

[189]Wiedmann,T. & Lenzen,M. Environmental and Social Footprints of International Trade[J]. Nature Geoscience, 2018, 11(4): 314-321.

[190]Wiedmann,T. A First Empirical Comparison of Energy Footprints Embodied in Trade:MRIO versus PLUM[J]. Ecological Economics,2009,68(7):1975-1990.

[191] Wiedmann, T. A Review of Recent Multi-Region Input-Output Models Used for Consumption-Based Emission and Resource Accounting[J]. Ecological Economics,2009,69(5):211-222.

[192] Wiedmann, T. , Lenzen, M. , Turner, K. , et al. Examining the Global Environmental Impact of Regional Consumption Activities-Part 2:Review of Input-Output Models for the Assessment of Environmental Impacts Embodied in Trade[J]. Ecological Economics,2007,61(1):15-26.

[193] Wilhite, A. Bilateral Trade and "Small-World" Networks[J]. Computational Economics,2001,18(1):49-64.

[194]Williams,R. H. ,Larson,E. D. & Ross,M. H. Materials, Affluence,and Industrial Energy Use[J]. Annual Review of Energy, 1987,12(1):99-144.

[195]Wilting,H. & Vringer,K. Carbon and Land Use Accounting from

a Producer's and a Consumer's Perspective—An Empirical Examination Covering the World[J]. Economic Systems Research,2009, 21(3):291-310.

[196]World Bank. World Development Indicators 2010. World Development Indicators. © World Bank[DB/OL]. http://hdl. handle. net/10986/4373 License:CC BY 3.0 IGO,2010.

[197]Wouter,N. D. Exploratory Social Network Analysis with Pajek [M]. Cambridge:Cambridge University Press,2005.

[198]Wyckoff,A. W. & Roop,J. M. The Embodiment of Carbon in Imports of Manufactured Products:Implications for International Agreements on Greenhouse Gas Emissions[J]. Energy Policy,1994, 22(3):187-194.

[199]Xu,Y. & Dietzenbacher,E. A Structural Decomposition Analysis of the Emissions Embodied in Trade[J]. Ecological Economics, 2014(101):10-20.

[200]Yamakawa,A. & Peters,G. Structural Decomposition Analysis of Greenhouse Gas Emissions in Norway 1990—2002[J]. Economic Systems Research,2011,23(3):303-318.

[201]Yang,Z. ,Mao,X. ,Zhao,X. ,et al. Ecological Network Analysis on Global Virtual Water Trade[J]. Environmental Science & Technology,2012,46(3):1796-1803.

[202]Yao,S. L. Why Are Chinese Exports Not So Special? [J]. China & World Economy,2009,17(1):47-64.

[203]Zhang,C. ,Zhong,L. & Wang,J. Decoupling between Water Use and Thermoelectric Power Generation Growth in China[J]. Nature Energy,2018,3(9):792-799.

[204]Zhang,F. & Gallager,K. S. Innovation and Technology Transfer through Global Value Chains:Evidence from China's PV Industry [J]. Energy Policy,2016(94):191-203.

[205]Zhang,Y. ,Li,Y. ,Hubacek,K. ,et al. Analysis of CO_2 Transfer

Processes Involved in Global Trade Based on Ecological Network Analysis[J]. Applied Energy,2019(233-234):576-583.

[206]Zhang,Y.,Zheng,H.,Yang,Z.,et al. Multi-regional Input-output Model and Ecological Network Analysis for Regional Embodied Energy Accounting in China[J]. Energy Policy,2015(86):651-663.

[207]Zhang,Z.,Zhu,K. & Hewings,G. J. D . A Multi-regional Input-Output Analysis of the Pollution Haven Hypothesis from the Perspective of Global Production Fragmentation[J]. Energy Economics,2017(64):13-23.

[208]Zhong,Z. Q.,Jiang,L. & Zhou,P. Transnational Transfer of Carbon Emissions Embodied in Trade:Characteristics and Determinants from a Spatial Perspective[J]. Energy,2018(147):858-875.

[209]Zhu,Y. B.,Shi,Y. J.,Wu,J.,et al. Exploring the Characteristics of CO_2 Emissions Embodied in International Trade and the Fair Share of Responsibility[J]. Ecological Economics,2018(146):574-587.

[210]蔡礼辉,张朕,朱磊. 全球价值链嵌入与二氧化碳排放:来自中国工业面板数据的经验研究[J]. 国际贸易问题,2020(4):86-104.

[211]曾宪判. 网络科学:生物网络[M]. 北京:军事科学出版社,2010.

[212]陈银飞. 2000—2009 年世界贸易格局的社会网络分析[J]. 国际贸易问题,2011(11):31-42.

[213]戴育琴,冯中朝,李谷成. 中国农产品出口贸易隐含碳排放测算及结构分析[J]. 中国科技论坛,2016(1):137-143.

[214]董战峰,郝春旭,李红祥,等. 2018 年全球环境绩效指数报告分析[J]. 环境保护,2018,46(7):64-69.

[215]杜传忠,张丽. 中国工业制成品出口的国内技术复杂度测算及其动态变迁:基于国际垂直专业化分工的视角[J]. 中国工业经济,2013(12):52-64.

[216]杜希饶,刘凌. 贸易、环境污染与经济增长:基于开放经济下的一个

内生增长模型[J]. 财经研究,2006,32(12):106-120,129.

[217]杜运苏,彭冬冬. 制造业服务化与全球增加值贸易网络地位提升:基于 2000—2014 年世界投入产出表[J]. 财贸经济,2018,39(2):102-117.

[218]段文奇,刘宝全,季建华. 国际贸易网络拓扑结构的演化[J]. 系统工程理论与实践,2008,28(10):71-75,81.

[219]方锦清,汪小帆,刘曾荣. 略论复杂性问题和非线性复杂网络系统的研究[J]. 科技导报,2004(2):9-12,64.

[220]傅莎,柴麒敏,徐华清. 美国宣布退出《巴黎协定》后全球气候减缓、资金和治理差距分析[J]. 气候变化研究进展,2017,13(5):415-427.

[221]高静,刘友金. 中美贸易中隐含的碳排放以及贸易环境效应:基于环境投入产出法的实证分析[J]. 当代财经,2012(5):94-105.

[222]高运胜,郑乐凯,惠丽霞. 融资约束与制造业 GVC 地位提升[J]. 统计研究,2018,35(8):11-22.

[223]韩中,陈耀辉,时云. 国际最终需求视角下消费碳排放的测算与分解[J]. 数量经济技术经济研究,2018,35(7):114-129.

[224]何铮,张晓军. 复杂网络在管理领域的应用研究[M]. 成都:电子科技大学出版社,2013.

[225]洪俊杰,商辉. 中国开放型经济的"共轭环流论":理论与证据[J]. 中国社会科学,2019(1):42-64,205.

[226]胡剑波,高鹏,彭劲松. 隐含碳污染贸易条件的地区差异研究[J]. 改革,2018(5):131-138.

[227]胡剑波,郭风. 中国进出口产品中的隐含碳污染贸易条件变化研究[J]. 国际贸易问题,2017(10):109-118.

[228]胡昭玲,宋佳. 基于出口价格的中国国际分工地位研究[J]. 国际贸易问题,2013(3):15-25.

[229]黄玉霞,谢建国. 制造业投入服务化与碳排放强度:基于 WIOD 跨国面板的实证分析[J]. 财贸经济,2019,40(8):100-115.

[230]李保民,万书鹏,江成涛. 基于全球价值链嵌入视角下的碳减排门槛

效应研究[J].商学研究,2020,27(2):86-97.

[231]李斌,彭星.中国对外贸易影响环境的碳排放效应研究——引入全球价值链视角的实证分析[J].经济与管理研究,2011(7):40-48.

[232]李晨,丛睿,邵桂兰.基于 MRIO 模型与 LMDI 方法的中国水产品贸易隐含碳排放转移研究[J].资源科学,2018,40(5):1063-1072.

[233]李大伟.怎么看我国成为资本净输出国[N].人民日报,2015-02-26(007).

[234]李跟强,潘文卿.国内价值链如何嵌入全球价值链:增加值的视角[J].管理世界,2016(7):10-22.

[235]李晖,刘卫东,唐志鹏.全球贸易隐含碳净转移的空间关联网络特征[J].资源科学,2021,43(4):682-692.

[236]李晓华,周维富,邓州,等.全球价值链背景下的中国制造业转型升级策略研究[M].北京:社会科学文献出版社,2019.

[237]李扬,张晓晶."新常态":经济发展的逻辑与前景[J].经济研究,2015(5):4-19.

[238]刘斌,魏倩,吕越,等.制造业服务化与价值链升级[J].经济研究,2016,51(3):151-162.

[239]刘华军,刘传明,孙亚男,中国能源消费的空间关联网络结构特征及其效应研究[J].中国工业经济,2015(5):83-95.

[240]刘佳骏,李雪慧,史丹.中国碳排放重心转移与驱动因素分析[J].财贸经济,2013(12):112-123.

[241]刘景卿,车维汉,夏方杰.全球价值链贸易网络分析与国际风险传导应对[J].管理科学学报,2021,24(3):1-17.

[242]刘军.一般化互惠:测量,动力及方法论意涵[J].社会学研究,2007(1):15.

[243]刘军.整体网分析[M].上海:格致出版社,2014:227.

[244]刘庆燕,方恺,丛建辉.山西省贸易隐含碳排放的空间—产业转移及其影响因素研究:基于 MRIO-SDA 跨期方法[J].环境经济研究,2019,4(2):44-57.

[245]刘志彪,刘晓昶.垂直专业化:经济全球化中的贸易和生产模式

[J].经济理论与经济管理,2001(10):5-10.

[246]刘志彪,吴福象.贸易一体化与生产非一体化:基于经济全球化两个重要假说的实证研究[J].中国社会科学,2006(2):81-93,206-207.

[247]刘钻石,张娟.国际贸易对发展中国家环境污染影响的动态模型分析[J].经济科学,2011(3):79-92.

[248]罗仕龙,龚凯,邢欣,等.基于社会网络分析法的国际贸易网络结构及演化研究[J].中国管理科学,2016,24(S1):698-703.

[249]吕延方,崔兴华,王冬.全球价值链参与度与贸易隐含碳[J].数量经济技术经济研究,2019,36(2):45-65.

[250]吕越,陈帅,盛斌.嵌入全球价值链会导致中国制造的"低端锁定"吗?[J].管理世界,2018,34(8):11-29.

[251]马晶梅,王新影,贾红宇.中日贸易污染条件研究:基于MRIO模型的分析[J].国际贸易问题,2016(2):100-110.

[252]马盈盈,盛斌.制造业服务化与出口技术复杂度:基于贸易增加值视角的研究[J].产业经济研究,2018(4):1-13,87.

[253]马远,徐俐俐.丝绸之路经济带沿线国家石油贸易网络结构特征及影响因素[J].国际贸易问题,2016(11):31-41.

[254]潘安,戴岭.全球价值链分工特征的指标体系构建及应用[J].统计研究,2020,37(6):3-14.

[255]潘安,魏龙.中国与其他金砖国家贸易隐含碳研究[J].数量经济技术经济研究,2014,32(4):54-70.

[256]潘安,魏龙.中国对外贸易隐含碳:结构特征与影响因素[J].经济评论,2016(4):16-29.

[257]潘安.全球价值链视角下的中美贸易隐含碳研究[J].统计研究,2018,35(1):53-64.

[258]潘安.全球价值链分工对中国对外贸易隐含碳排放的影响[J].国际经贸探索,2017,33(3):15-27.

[259]潘文卿,李跟强.垂直专业化、贸易增加值与增加值贸易核算:全球价值链背景下基于国家(地区)间投入产出模型方法综述[J].经济

学报,2014,1(4):188-207.

[260]庞军. 京津冀地区贸易隐含污染转移特点及其政策启示[J]. 环境
保护,2019,47(3):62-65.

[261]彭水军,张文城,孙传旺. 中国生产侧和消费侧碳排放量测算及影
响因素研究[J]. 经济研究,2015,50(1):168-182.

[262]彭水军,张文城. 贸易差额、污染贸易条件如何影响中国贸易内涵碳
"顺差":基于多国投入产出模型的分析[J]. 国际商务研究,2016,37
(1):5-17.

[263]乔小勇,李泽怡,相楠. 中间品贸易隐含碳排放流向追溯及多区域
投入产出数据库对比:基于 WIOD、Eora、EXIOBASE 数据的研究
[J]. 财贸经济,2018,39(1):84-100.

[264]丘兆逸. 国际垂直专业化中污染工序转移研究——以我国为例
[J]. 国际贸易问题,2012(4):107-114.

[265]屈锡华,杨梅锦,申毛毛. 我国经济发展中的"碳锁定"成因及"解
锁"策略[J]. 科技管理研究,2013,33(7):201-204.

[266]桑百川,郑伟,杨立卓. 新兴经济体引进外商直接投资潜力比较[J].
财贸经济,2013(11):93-99,137.

[267]盛斌,景光正. 金融结构、契约环境与全球价值链地位[J]. 世界经
济,2019,42(4):29-52.

[268]施炳展. 中国出口产品的国际分工地位研究:基于产品内分工的视
角[J]. 世界经济研究,2010(1):56-62,88-89.

[269]石敏俊,袁永娜,周晟吕,等. 碳减排政策:碳税、碳交易还是两者兼
之?[J]. 管理科学学报,2013,16(9):9-19.

[270]宋炳林. 我国区际产业转移的社会网络机制[J]. 经济问题探索,
2014(4):46-51.

[271]苏庆义,高凌云. 全球价值链分工位置及其演进规律[J]. 统计研究,
2015,32(12):38-45.

[272]孙华平,杜秀梅. 全球价值链嵌入程度及地位对产业碳生产率的影
响[J]. 中国人口·资源与环境,2020(7):27-37.

[273]孙天阳,肖皓,孟渤,等. 制造业全球价值链网络的拓扑特征及影响

因素:基于 WWZ 方法和社会网络的研究[J].管理评论,2018,30
(9):51-62.

[274]孙晓蕾,杨玉英,吴登生.全球原油贸易网络拓扑结构与演化特征识别[J].世界经济研究,2012(9):11-17,87.

[275]孙学敏,王杰.全球价值链嵌入的"生产率效应":基于中国微观企业数据的实证研究[J].国际贸易问题,2016(3):3-14.

[276]唐东波.贸易开放、垂直专业化分工与产业升级[J].世界经济,2013,36(4):47-68.

[277]陶长琪,徐志琴.融入全球价值链有利于实现贸易隐含碳减排吗?[J].数量经济研究,2019,10(1):16-30.

[278]王博,陈诺,林桂军."一带一路"沿线国家制造业增加值贸易网络及其影响因素[J].国际贸易问题,2019(3):85-100.

[279]王建秀,韩璐,阎俊爱.中国企业存在全球价值链嵌入悖论吗:产品内分工的视角[J].经济问题,2016(11):79-83,124.

[280]王开,靳玉英.全球 FTA 网络形成机制研究[J].财贸经济,2013(9):103-111.

[281]王岚,李宏艳.中国制造业融入全球价值链路径研究:嵌入位置和增值能力的视角[J].中国工业经济,2015(2):76-88.

[282]王彦芳,陈淑梅.全球价值链视角下中国制造业出口贸易网络格局分析[J].当代财经,2017(7):92-102.

[283]王玉燕,林汉川.全球价值链嵌入能提升工业转型升级效果吗:基于中国工业面板数据的实证检验[J].国际贸易问题,2015(11):51-61.

[284]王直,魏尚进,祝坤福.总贸易核算法:官方贸易统计与全球价值链的度量[J].中国社会科学,2015(9):108-127,205-206.

[285]王中美.全球经济治理结构变动趋势三阶段预测与影响分析[J].世界经济研究,2016(3):3-11,134.

[286]魏本勇,方修琦,王媛,等.基于最终需求的中国出口贸易碳排放研究[J].地理科学,2009a,29(5):634-640.

[287]魏本勇,方修琦,王媛,等.基于投入产出分析的中国国际贸易碳排

放研究[J].北京师范大学学报(自然科学版),2009b,45(4):413-419.

[288]吴开尧,杨廷干.国际贸易碳转移的全球图景和时间演变[J].统计研究,2016,33(2):43-50.

[289]肖皓,陈娅妮,毕慧敏.国外最终需求对我国碳排放的诱发效应:基于中间品贸易渠道的考察[J].系统工程理论与实践,2016,36(10):2549-2561.

[290]肖卫东,杜志雄.荷兰家庭农场为何能创造世界农业奇迹[J].中国合作经济,2017(8):16-19.

[291]谢会强,黄凌云,刘冬冬.全球价值链嵌入提高了中国制造业碳生产率吗[J].国际贸易问题,2018(12):109-121.

[292]谢来辉,陈迎.碳泄漏问题评析[J].气候变化研究进展,2007,3(4):214-219.

[293]辛娜,袁红林.全球价值链嵌入与全球高端制造业网络地位:基于增加值贸易视角[J].改革,2019(3):61-71.

[294]熊英,马海燕,刘义胜.全球价值链、租金来源与解释局限:全球价值链理论新近发展的研究综述[J].管理评论,2010,22(12):120-125.

[295]徐博,杨来科,钱志权.全球价值链分工地位对于碳排放水平的影响[J].资源科学,2020,42(3):527-535.

[296]许和连,成丽红,孙天阳.离岸服务外包网络与服务业全球价值链提升[J].世界经济,2018,41(6):77-101.

[297]闫云凤,赵忠秀.中国对外贸易隐含碳的测度研究:基于碳排放责任界定的视角[J].国际贸易问题,2012(1):131-142.

[298]闫云凤,赵忠秀.消费碳排放与碳溢出效应:G7、BRIC和其他国家的比较[J].国际贸易问题,2014(1):99-107.

[299]杨飞,孙文远,张松林.全球价值链嵌入、技术进步与污染排放:基于中国分行业数据的实证研究[J].世界经济研究,2017(2):126-134,137.

[300]姚秋蕙,韩梦瑶,刘卫东."一带一路"沿线地区隐含碳流动研究[J].

地理学报,2018,73(11):2210-2222.

[301]姚星,梅鹤轩,蒲岳.国际服务贸易网络的结构特征及演化研究:基于全球价值链视角[J].国际贸易问题,2019(4):109-124.

[302]尹伟华.全球价值链视角下中美农业双边贸易分解分析[J].世界经济研究,2018(6):3-11,135.

[303]余娟娟,龚同.全球碳转移网络的解构与影响因素分析[J].中国人口·资源与环境,2020,30(8):21-30.

[304]余娟娟.全球价值链嵌入影响了企业排污强度吗——基于PSM匹配及倍差法的微观分析[J].国际贸易问题,2017(12):59-69.

[305]袁红林,辛娜.中国高端制造业的全球贸易网络格局及其影响因素分析[J].经济地理,2019,39(6):108-117.

[306]张凤,季志鹏,张倩慧.出口持续期延长有利于出口国内技术复杂度提升吗:基于中国微观出口数据的验证[J].国际贸易问题,2018(10):58-71.

[307]张海滨,戴瀚程,赖华夏.美国退出《巴黎协定》的原因、影响及中国的对策[J].气候变化研究进展,2017,13(5):439-447.

[308]张红霞,张哲,盛科荣.全球价值链分工地位对中国制造业碳排放的影响——基于STIRPAT模型的实证研究[J].生态经济,2018,34(4):25-29.

[309]张会清,翟孝强.中国参与全球价值链的特征与启示:基于生产分解模型的研究[J].数量经济技术经济研究,2018,35(1):3-22.

[310]张琳,马丽.18个经济体(国家和地区)高碳负荷行业增加值比重与脱钩指数数据集[J].全球变化数据学报,2018,2(3):303-308,192-197.

[311]张璐,景维民.技术、国际贸易与中国工业发展方式的绿色转变[J].财经研究,2015(9):121-132.

[312]张琦,赵福军,王金照.提升我国服务贸易竞争力的思路与举措[N].经济日报,2020-02-18(012).

[313]张少华,陈浪南.经济全球化对我国能源利用效率影响的实证研究——基于中国行业面板数据[J].经济科学,2009(1):102-111.

[314]张少军,李东方.生产非一体化与能源利用效率:来自中国行业面板数据的经验研究[J].中国工业经济,2009(2):66-75.

[315]张永香,巢清尘,郑秋红.美国退出《巴黎协定》对全球气候治理的影响[J].气候变化研究进展,2017,13(5):407-414.

[316]张志明,耿景珠,黄微.亚太价值链嵌入如何影响中国的空气污染[J].国际贸易问题,2020(2):44-58.

[317]赵国钦,万方.世界贸易网络演化及其解释:基于网络分析方法[J].宏观经济研究,2016(4):151-159.

[318]赵玉焕,郑璐,刘似臣.全球价值链嵌入对中国出口贸易隐含碳的影响研究[J].国际贸易问题,2021(3):142-157.

附 录

附录1 书中样本国家名称中英文对照表

缩写	英文	中文	缩写	英文	中文
AUS	Australia	澳大利亚	SWE	Sweden	瑞典
AUT	Austria	奥地利	CHE	Switzerland	瑞士
BEL	Belgium	比利时	TUR	Turkey	土耳其
CAN	Canada	加拿大	GBR	United Kingdom	英国
CHL	Chile	智利	USA	America	美国
CZE	Czech Republic	捷克	ARG	Argentina	阿根廷
DNK	Denmark	丹麦	BRA	Brazil	巴西
EST	Estonia	爱沙尼亚	BRN	Brunei Darussalam	文莱
FIN	Finland	芬兰	BGR	Bulgaria	保加利亚
FRA	France	法国	KHM	Cambodia	柬埔寨
DEU	Germany	德国	CHN	China	中国
GRC	Greece	希腊	COL	Colombia	哥伦比亚
HUN	Hungary	匈牙利	CRI	Costa Rica	哥斯达黎加
ISL	Iceland	冰岛	HRV	Croatia	克罗地亚
IRL	Ireland	爱尔兰	CYP	Cyprus	塞浦路斯
ISR	Israel	以色列	IND	India	印度
ITA	Italy	意大利	IDN	Indonesia	印度尼西亚
JPN	Japan	日本	KAZ	Kazakhstan	哈萨克斯坦
KOR	Korea	韩国	MYS	Malaysia	马来西亚
LVA	Latvia	立陶宛	MLT	Malta	马耳他
LTU	Lithuania	拉脱维亚	MAR	Morocco	摩洛哥

续表

缩写	英文	中文	缩写	英文	中文
LUX	Luxembourg	卢森堡	PER	Peru	秘鲁
MEX	Mexico	墨西哥	PHL	Philippines	菲律宾
NLD	Netherlands	荷兰	ROU	Romania	罗马尼亚
NZL	New Zealand	新西兰	RUS	Russia	俄罗斯
NOR	Norway	挪威	SAU	Saudi Arabia	沙特阿拉伯
POL	Poland	波兰	SGP	Singapore	新加坡
PRT	Portugal	葡萄牙	ZAF	South Africa	南非
SVK	Slovak	斯洛伐克	THA	Thailand	泰国
SVN	Slovenia	斯洛文尼亚	TUN	Tunisia	突尼斯
ESP	Spain	西班牙	VNM	Vietnam	越南

附录2 书中制造业所包含的子行业对照表

UIBE	OECD	英文	中文
c3	15t16	Food, Beverages and Tobacco	食品、饮料及烟草制造业
c4	17t18	Textiles and Textile Products	纺织、服装制造业
c5	19	Leather and Related Products	皮革及鞋类制造业
c6	20	Wood and Products of Wood and Cork	木材及木制品制造业
c7	21t22	Pulp, Paper, Paper Products , Printing and Publishing	造纸、印刷及出版业
c8	23	Coke, Refined Petroleum and Nuclear Fuel	焦炭、精炼石油及核燃料业
c9	24	Chemicals and Chemical Products	化学及化学制品制造业
c10	25	Rubber and Plastics	橡胶和塑料制造业
c11	26	Other Non-Metallic Minerals	其他非金属矿物制品业
c12	27t28	Basic Metals and Fabricated Metal	金属和金属加工业
c13	29	Machinery and Equipment n. e. c.	机械制造业
c14	30t33	Electrical and Optical Equipment	电气及光学设备制造业
c15	34t35	Transport Equipment	运输设备制造业
c16	36t37	Manufacturing, n. e. c. ; Recycling	其他制造业
c17	E	Electricity, Gas and Water Supply	电力、煤气及水的供应业

附录 3　中国制造业各子行业 GVC 前向参与度

年份	食品、饮料及烟草	纺织、服装、皮革	木材及木制品	纸、纸制品及出版业	焦炭、精炼石油及核燃料业	化学品及化学产品	药品、医药、化学制剂和植物药材	橡胶及橡胶产品	基本金属	金属制品	计算机、电子及光学产品	电气设备	机械设备	汽车	其他运输设备	其他制造业
1995	0.03	0.16	0.11	0.10	0.10	0.17	0.03	0.13	0.12	0.12	0.12	0.11	0.05	0.04	0.08	0.18
1996	0.03	0.14	0.13	0.10	0.11	0.16	0.03	0.14	0.13	0.12	0.13	0.11	0.06	0.05	0.08	0.14
1997	0.03	0.15	0.15	0.11	0.12	0.18	0.03	0.17	0.15	0.15	0.17	0.13	0.07	0.06	0.10	0.15
1998	0.03	0.16	0.14	0.14	0.10	0.18	0.03	0.17	0.14	0.16	0.17	0.12	0.07	0.05	0.09	0.20
1999	0.03	0.15	0.13	0.15	0.10	0.17	0.03	0.17	0.14	0.16	0.18	0.12	0.08	0.05	0.09	0.20
2000	0.04	0.16	0.21	0.19	0.11	0.18	0.03	0.19	0.15	0.17	0.20	0.14	0.09	0.05	0.10	0.23
2001	0.03	0.14	0.14	0.15	0.12	0.19	0.03	0.20	0.14	0.17	0.21	0.16	0.08	0.06	0.09	0.16
2002	0.04	0.15	0.18	0.12	0.14	0.20	0.03	0.23	0.15	0.21	0.23	0.19	0.09	0.06	0.11	0.17
2003	0.04	0.17	0.21	0.14	0.17	0.23	0.03	0.25	0.18	0.26	0.26	0.20	0.09	0.07	0.13	0.24
2004	0.05	0.18	0.21	0.15	0.19	0.25	0.03	0.24	0.22	0.30	0.28	0.21	0.10	0.08	0.14	0.26
2005	0.05	0.18	0.20	0.15	0.21	0.25	0.03	0.23	0.23	0.32	0.30	0.21	0.11	0.09	0.18	0.26
2006	0.05	0.18	0.23	0.16	0.20	0.25	0.05	0.26	0.24	0.29	0.28	0.20	0.13	0.09	0.16	0.21

续表

年份	食品、饮料及烟草	纺织、服装、皮革	木材及木制品	纸、纸制品及出版业	焦炭、精炼石油及核燃料业	化学品及化学产品	药品、医药化学剂和植物药材	橡胶及橡胶产品	基本金属	金属制品	计算机、电子及光学产品	电气设备	机械设备	汽车	其他运输设备	其他制造业
2007	0.06	0.17	0.25	0.15	0.20	0.26	0.05	0.28	0.26	0.29	0.29	0.20	0.14	0.09	0.15	0.20
2008	0.05	0.18	0.23	0.15	0.20	0.27	0.05	0.29	0.26	0.29	0.30	0.19	0.14	0.08	0.16	0.20
2009	0.04	0.15	0.17	0.12	0.14	0.19	0.04	0.21	0.15	0.21	0.23	0.14	0.10	0.05	0.12	0.16
2010	0.04	0.16	0.18	0.13	0.16	0.22	0.04	0.23	0.19	0.23	0.26	0.16	0.11	0.05	0.12	0.19
2011	0.04	0.16	0.17	0.13	0.15	0.22	0.04	0.23	0.17	0.21	0.27	0.18	0.09	0.05	0.11	0.18
2012	0.05	0.15	0.17	0.13	0.15	0.21	0.04	0.22	0.16	0.20	0.26	0.18	0.10	0.05	0.11	0.19
2013	0.05	0.14	0.15	0.12	0.14	0.19	0.04	0.22	0.16	0.19	0.25	0.18	0.10	0.05	0.11	0.21
2014	0.05	0.14	0.14	0.12	0.14	0.19	0.04	0.22	0.17	0.19	0.25	0.18	0.10	0.05	0.10	0.21
2015	0.05	0.13	0.12	0.11	0.13	0.18	0.03	0.22	0.16	0.18	0.23	0.17	0.10	0.05	0.09	0.18
2016	0.04	0.13	0.13	0.10	0.12	0.18	0.03	0.20	0.15	0.16	0.23	0.18	0.10	0.05	0.09	0.14
2017	0.04	0.14	0.14	0.10	0.13	0.20	0.04	0.21	0.16	0.18	0.25	0.19	0.11	0.04	0.09	0.15
2018	0.04	0.14	0.13	0.10	0.14	0.20	0.04	0.20	0.16	0.18	0.23	0.19	0.11	0.04	0.09	0.15

附录 4　中国制造业各子行业 GVC 后向参与度

年份	食品、饮料及烟草	纺织、服装、皮革	木材及木制品	纸、纸制品及出版业	焦炭、精炼石油及核燃料业	化学品及化学产品	药品、医药化学制剂和植物药材	橡胶及橡胶产品	基本金属	金属制品	计算机、电子及光学产品	电气设备	机械设备	汽车	其他运输设备	其他制造业
1995	0.07	0.19	0.14	0.18	0.12	0.16	0.05	0.19	0.18	0.17	0.20	0.16	0.18	0.12	0.25	0.17
1996	0.07	0.19	0.14	0.17	0.14	0.16	0.06	0.18	0.16	0.16	0.19	0.16	0.17	0.12	0.30	0.18
1997	0.07	0.18	0.14	0.16	0.14	0.15	0.07	0.17	0.17	0.17	0.20	0.16	0.17	0.11	0.30	0.17
1998	0.06	0.16	0.12	0.14	0.13	0.13	0.06	0.15	0.13	0.12	0.20	0.15	0.13	0.10	0.30	0.14
1999	0.07	0.15	0.14	0.16	0.16	0.14	0.07	0.15	0.15	0.13	0.23	0.16	0.15	0.10	0.29	0.14
2000	0.08	0.16	0.17	0.18	0.20	0.16	0.08	0.17	0.17	0.15	0.27	0.19	0.17	0.11	0.25	0.16
2001	0.07	0.15	0.15	0.17	0.18	0.16	0.08	0.17	0.17	0.15	0.26	0.17	0.17	0.10	0.23	0.16
2002	0.07	0.17	0.14	0.16	0.18	0.17	0.09	0.20	0.18	0.16	0.26	0.18	0.18	0.10	0.22	0.17
2003	0.08	0.18	0.16	0.18	0.23	0.20	0.10	0.21	0.22	0.19	0.31	0.21	0.20	0.12	0.23	0.17
2004	0.09	0.19	0.17	0.20	0.27	0.21	0.10	0.23	0.25	0.21	0.34	0.22	0.22	0.15	0.28	0.19
2005	0.09	0.18	0.17	0.19	0.28	0.22	0.09	0.23	0.26	0.22	0.33	0.23	0.22	0.17	0.29	0.19
2006	0.10	0.16	0.16	0.18	0.30	0.23	0.10	0.24	0.27	0.21	0.32	0.23	0.22	0.16	0.28	0.19

续表

年份	食品、饮料及烟草	纺织、服装、皮革	木材及木制品	纸、纸制品及出版业	焦炭、精炼石油及核燃料业	化学品及化学产品	药品、医药化学制剂和植物药材	橡胶及橡胶产品	基本金属	金属制品	计算机、电子及光学产品	电气设备	机械设备	汽车	其他运输设备	其他制造业
2007	0.10	0.13	0.15	0.17	0.30	0.22	0.10	0.24	0.26	0.20	0.34	0.24	0.22	0.16	0.25	0.17
2008	0.10	0.13	0.15	0.16	0.31	0.22	0.10	0.23	0.25	0.19	0.32	0.24	0.22	0.17	0.26	0.17
2009	0.08	0.10	0.12	0.13	0.29	0.19	0.08	0.19	0.23	0.16	0.24	0.19	0.17	0.14	0.21	0.14
2010	0.09	0.11	0.13	0.14	0.33	0.21	0.08	0.20	0.26	0.18	0.26	0.21	0.20	0.16	0.23	0.15
2011	0.10	0.12	0.14	0.15	0.37	0.22	0.10	0.21	0.29	0.20	0.29	0.23	0.21	0.17	0.24	0.17
2012	0.10	0.11	0.13	0.14	0.39	0.21	0.10	0.19	0.27	0.19	0.28	0.22	0.19	0.16	0.22	0.17
2013	0.10	0.11	0.13	0.14	0.37	0.20	0.11	0.19	0.26	0.18	0.28	0.21	0.19	0.16	0.22	0.15
2014	0.09	0.11	0.13	0.14	0.32	0.18	0.10	0.17	0.24	0.17	0.28	0.20	0.18	0.15	0.22	0.15
2015	0.08	0.10	0.11	0.12	0.26	0.15	0.09	0.15	0.21	0.15	0.24	0.18	0.16	0.13	0.22	0.13
2016	0.08	0.10	0.11	0.12	0.27	0.15	0.09	0.15	0.20	0.14	0.25	0.17	0.15	0.13	0.19	0.13
2017	0.09	0.12	0.13	0.13	0.30	0.17	0.10	0.17	0.20	0.14	0.26	0.18	0.17	0.14	0.18	0.14
2018	0.10	0.13	0.13	0.13	0.39	0.20	0.11	0.18	0.17	0.13	0.26	0.18	0.16	0.13	0.18	0.13

附录 5　中国制造业各子行业 GVC 分工地位

年份	食品、饮料及烟草	纺织、服装、皮革	木材及木制品	纸、纸制品及出版业	焦炭、精炼石油及核燃料业	化学品及化学产品	药品,医药化学制剂和植物药材	橡胶及橡胶产品	基本金属	金属制品	计算机、电子及光学产品	电气设备	机械设备	汽车	其他运输设备	其他制造业
1995	-0.04	-0.03	-0.03	-0.07	-0.02	0.01	-0.02	-0.05	-0.05	-0.04	-0.07	-0.04	-0.12	-0.07	-0.15	0.01
1996	-0.04	-0.04	-0.01	-0.06	-0.03	0.00	-0.03	-0.03	-0.03	-0.04	-0.05	-0.04	-0.10	-0.06	-0.19	-0.03
1997	-0.04	-0.03	0.01	-0.04	-0.02	0.03	-0.04	0.00	-0.02	-0.02	-0.03	-0.03	-0.09	-0.05	-0.17	-0.02
1998	-0.03	0.00	0.02	0.00	-0.03	0.04	-0.03	0.02	0.01	0.04	-0.03	-0.03	-0.05	-0.05	-0.18	0.05
1999	-0.04	0.00	-0.01	-0.01	-0.05	0.03	-0.04	0.02	-0.01	0.03	-0.04	-0.04	-0.06	-0.05	-0.17	0.05
2000	-0.04	0.00	0.03	0.01	-0.08	0.02	-0.05	0.02	-0.02	0.02	-0.06	-0.04	-0.07	-0.06	-0.13	0.06
2001	-0.04	-0.01	-0.01	-0.02	-0.05	0.03	-0.05	0.03	-0.03	0.02	-0.04	-0.01	-0.08	-0.04	-0.12	0.00
2002	-0.03	-0.02	0.03	-0.04	-0.03	0.03	-0.06	0.02	-0.03	0.04	-0.02	0.01	-0.08	-0.04	-0.09	0.00
2003	-0.04	-0.01	0.04	-0.03	-0.05	0.02	-0.07	0.03	-0.03	0.06	-0.04	-0.01	-0.10	-0.05	-0.08	0.06
2004	-0.04	-0.01	0.03	-0.04	-0.07	0.03	-0.07	0.01	-0.02	0.07	-0.05	-0.01	-0.10	-0.06	-0.12	0.06
2005	-0.04	0.00	0.03	-0.03	-0.06	0.02	-0.06	0.00	-0.02	0.08	-0.02	-0.02	-0.09	-0.07	-0.09	0.06
2006	-0.05	0.02	0.06	-0.02	-0.08	0.02	-0.05	0.02	-0.02	0.06	-0.03	-0.02	-0.08	-0.06	-0.10	0.02

续表

年份	食品、饮料及烟草	纺织、服装、皮革	木材及木制品	纸、纸制品及出版业	焦炭、炼石油及核燃料业	化学品及化学产品	药品、医药化学制剂和植物药材	橡胶及橡胶产品	基本金属	金属制品	计算机、电子及光学产品	电气设备	机械设备	汽车	其他运输设备	其他制造业
2007	-0.04	0.03	0.08	-0.02	-0.08	0.03	-0.05	0.03	0.00	0.07	-0.04	-0.03	-0.07	-0.06	-0.08	0.03
2008	-0.05	0.04	0.07	-0.01	-0.09	0.04	-0.05	0.05	0.01	0.08	-0.02	-0.04	-0.07	-0.08	-0.08	0.03
2009	-0.04	0.04	0.04	-0.01	-0.12	0.00	-0.04	0.02	-0.07	0.04	-0.01	-0.04	-0.06	-0.08	-0.08	0.02
2010	-0.05	0.04	0.04	-0.01	-0.14	0.01	-0.04	0.02	-0.06	0.04	0.00	-0.04	-0.08	-0.10	-0.09	0.03
2011	-0.06	0.04	0.03	-0.02	-0.18	0.00	-0.06	0.02	-0.10	0.01	-0.02	-0.04	-0.10	-0.11	-0.11	0.01
2012	-0.05	0.04	0.03	-0.01	-0.19	0.00	-0.06	0.02	-0.09	0.01	-0.02	-0.03	-0.08	-0.10	-0.09	0.02
2013	-0.05	0.03	0.02	-0.02	-0.18	-0.01	-0.07	0.02	-0.08	0.01	-0.02	-0.03	-0.08	-0.10	-0.09	0.05
2014	-0.04	0.03	0.01	-0.02	-0.15	0.01	-0.06	0.04	-0.06	0.02	-0.02	-0.02	-0.07	-0.09	-0.10	0.05
2015	-0.03	0.03	0.01	-0.01	-0.11	0.03	-0.06	0.06	-0.04	0.03	-0.01	-0.01	-0.05	-0.07	-0.11	0.04
2016	-0.04	0.03	0.02	-0.02	-0.13	0.03	-0.06	0.04	-0.04	0.02	-0.02	0.01	-0.04	-0.07	-0.09	0.01
2017	-0.05	0.02	0.01	-0.03	-0.14	0.03	-0.06	0.03	-0.03	0.03	-0.01	0.01	-0.05	-0.09	-0.08	0.01
2018	-0.06	0.01	0.00	-0.03	-0.20	0.00	-0.07	0.02	-0.01	0.04	-0.02	0.01	-0.04	-0.08	-0.08	0.02